KB190370

우룡큰스님의 기도성취 영험담 모음집

기도 이야기

기도 이야기

초 판 1쇄 펴낸날 2018년 4월 16일
      4쇄 펴낸날 2023년 11월 30일

지은이 우룡스님
엮은이 김현준
펴낸이 김연지
펴낸곳 효림출판사

등록일 1992년 1월 13일 (제2-1305호)
주 소 서울시 서초구 반포대로14길 30, 907호 (서초동, 센츄리 I)
전 화 02-582-6612, 587-6612
팩 스 02-586-9078
이메일 hyorim@nate.com

값 7,000원

ⓒ효림출판사 2018
ISBN 979-11-87508-15-1 03220

우룡큰스님의 기도성취 영험담 모음집

기도 이야기

효림

책머리에

총 6장 45편의 이야기로 구성한 이 책은
지난 20년 동안 발간한 이 산승의
저서 10여권에 수록되어 있는 기도 이야기에다
10여편의 새로운 이야기를 더하여서
엮은 기도 영험담 모음집입니다.
부디 이 영험담들을 통하여
믿음을 일으키고 뜻을 세우고 흩어진 마음을 모아
능력껏 정성껏 기도하십시오.
불보살님과 하나되는 기도를 하다 보면
반드시 불보살님의 가피가 찾아들고
감응의 길이 열리면서 심중소원을 성취하며
평화와 지혜가 가득한 복된 삶을 이루게 됩니다.
꼭 능력껏 정성껏 기도하는
불자가 되기를 축원드립니다.

불기 2562년 3월 23일
경주 남산 함월사에서
우룡 합장

차 례

차 례

차 례

제 1 장

나의 기도 체험담

불 속에서도 타지 않고

1947년에 해인사로 출가한 나는 '관세음보살'을 부르기로 작정하고 원을 세웠습니다.

"중노릇 잘하게 해주십시오. 지혜 총명을 주시어 장애 없이 경전공부를 잘 마무리 할 수 있도록 해주십시오."

그때 나는 『치문』을 배우고 있었는데, 책 읽는 시간을 제외하고는 '관세음보살' 염불에 몰두하였습니다. 밥 먹을 때도 '관세음보살', 화장실에서도 '관세음보살', 걸어다닐 때도 '관세음보살'을 불렀습니다.

당시의 강원에서 공부를 배우는 학인은 여러 가지 사중寺中 업무를 한 가지씩 맡아 돕는 급사 노릇도 하였는데, 나는 해인사 산중 암자들을 돌며 공문서를 전달하는 임무를 맡았습니다. 전화가 없던 시절이라, 공문서를 가지고 한 암자의 원주스님께 전하면 읽은 다음 사인을 해주었으며, 다시 다른 암자로 가서 원주스님의 사인을 맡았습니다.

2~3일에 한 번씩 공문서를 들고 산내암자를 다닐 때에도, 나는 오로지 '관세음보살'을 외웠습니다. 그렇게 부지런히 '관세음보살'을 찾다 보니 다른 사람들과 대화를 할 때도 '관세음보살'이 끊어지지 않는 차원에 이르렀습니다. 대화는 대화대로 잘 되고, 내 마음 속에 분명히 관세음보살이 살아 있었던 것입니다.

그 무렵, 한밤중에 해인사 밑쪽에서 산불이 일어나 모든 대중이 진화작업에 나섰습니다. 특별한 소방장비가 없었으므로, 제 1진이 불난 곳 가까이의 아직 불 붙지 않은 풀을 낫으로 베면, 제 2진이 벤 풀을 갈퀴로 끌어내고, 제 3진이 괭이로 땅을 파면, 제 4진이 맞불을 지펴 불이 스스로 꺼지도록 하는 방법을 택했습니다.

산불에 대한 경험이 없었던 나는 진화작업에 참여하였다가 문득 엉뚱한 생각을 했습니다.

'이쪽에서만 불이 못 올라오도록 맞불을 놓을 것이 아니라, 불이 올라오는 뒤쪽으로 가서 진화작업을 하게 되면 훨씬 빨리 끌 수 있겠다.'

그 생각과 함께 나는 큰 바위를 타고 불길 저쪽으로

넘어가기 시작했습니다. 순간 바위 밑쪽에서 불이 치솟아 올랐고, 숨을 쉴 수가 없었습니다. 엉겁결에 바위를 잡고 있던 손을 놓아 버린 나는 불 속을 데굴데굴 굴렀습니다. 썩은 나무에 불이 붙은 그곳은 완전히 벌겋게 단 숯구덩이였습니다.

산불만으로도 정신이 없는데 나마저 불 속에 굴러 떨어졌으니…. 대중들은 크게 술렁거렸고, 어른 스님들의 다급한 음성도 들려왔습니다.

"저 아이가 죽다니! 불보다 아이의 시신부터 건져야 한다."

나는 불구덩이 속을 구르다가 일어서서 외쳤습니다.

"저는 괜찮습니다. 불을 끄십시오. 저는 여기에서 불을 끄겠습니다. 괜찮습니다. 저는 괜찮습니다."

대중스님들은 그토록 사나운 불길 속에 굴러떨어졌으니 죽었거나 큰 화상을 입었을 것으로 생각하였지만, 사실 나는 다친 곳이 전혀 없었습니다. 다만 팔의 살결이 가벼운 화상을 입었을 뿐이었습니다. 대중들은 하나같이 말했습니다.

"기적이다. 불보살님의 가피야."

그때 나는 확신을 하였습니다. 관세음보살을 부르면 어떤 액난도 고난도 사라지고 평안을 얻을 수 있다는

것을! 그리고 관세음보살님과 함께 하고 있으니 무슨
일이라도 할 수 있다는 자신감이 생겨 더욱 열심히 공
부했습니다.

빨치산들의 눈에 보이지 않다

  그리고 6·25가 일어나기 직전, 해인사에 빨치산이 들어왔습니다. 빨치산 사령관 유성균이 4백여 명의 대원을 이끌고 와서 꼭 1달 동안 해인사를 점령했습니다.

  당시 해인사에는 학인스님만이 아니라 중학생·고등학생·대학생들도 많았는데, 빨치산들은 해인사에 있는 모든 사람의 신상을 미리 파악하고 있다가, 젊은 사람들을 무조건 붙들어 갔습니다.

  어느 날 나는 지금의 관음전 큰 방에 동료들 7~8명과 함께 앉아 있었습니다.

  "자네는 내일 집에 간다지? 오늘밤에 우리가 짐을 옮겨야 하니 좀 도와줘야겠어."

  빨치산이 그들을 다 붙잡아 갔지만 나에게는 가자는

말도 않고 아는 척도 하지 않았습니다.

다 잡혀간 큰 방에 우두커니 홀로 앉아 있을 때에도, 빨치산들이 여러 차례 문을 열고 기웃기웃하였지만, 나에게 말을 거는 사람은 없었습니다. 그들의 눈에는 내가 보이지 않는 듯했습니다.

당시에 잡혀간 사람들은 빨치산들과 함께 생활하며 모진 고생을 하였고, 그 중 반 이상은 돌아오지 못했습니다. 그런데 나는 빨치산의 눈에 보이지조차 않아 잡혀가지 않았을 뿐더러, 꾸준히 공부를 잘할 수 있었으니…. 어찌 이것이 염피관음력念彼觀音力, 곧 관세음보살님의 가피가 아니겠습니까?

¿

내 나이 20세 이전에 관음기도를 통하여 체험한 이 두 가지 이야기를 하는 까닭은, 누구든지 '관세음보살'을 염하면 모든 두려움·재난·불행에서 벗어나 원願과 같이 살 수 있게 된다는 것을 거듭 강조하기 위해서입니다.

다른사람과 대화를 나눌 때에도 '나'의 가슴 속에서 '관세음보살' 염불이 계속 이어지는 단계까지 이르게 되면, 모든 재난이 스스로 피해가는 정도가 아니라, 모든 뜻하는 바가 저절로 이루어지게 됩니다.

옴마니반메훔 기도 체험

내가 출가하여 해인사 강원의 학인으로 있었을 때, 월주 스님이라는 사숙님이 계셨습니다. 예식에 밝고 경에도 밝았으며 정진도 잘하신 분이셨는데, 강원의 학인들이 글을 못 외워 하루 종일 책상머리에서 끙끙거리는 것을 보고는 늘 말씀하셨습니다.

"업이 두텁고 박복한 말세 중생으로 태어나서, 업장참회를 할 생각은 하지 않고 까불기만 하고 있으니, 공부에 무슨 진척이 있겠느냐? 옛날 어른들은 다라니를 열심히 외워 업장을 소멸하셨다."

이 말씀을 들은 나는 다라니를 외워 업장소멸을 하겠다는 결심을 하고, '옴마니반메훔' 육자주六字呪를 선택했습니다.

나는 절 마당을 거닐든 밭에 가든 예불을 하러 가든 공양을 하든, 경전공부를 하는 틈틈이 육자주를 놓지 않고 계속했습니다. 그리고 사람들이 없으면 소리 내어 외웠고, 사람들이 있으면 속으로만 했습니다.

약 1년이 지나 초겨울에 접어들 무렵이었습니다. 해인사 강원인 궁현당窮玄堂에서 예불을 하기 위해 대적광전 축대 위에 올라서서 극락전 쪽을 바라보는 순간이었습니다.

시간이 멈춘 듯하였고, 갑자기 눈앞의 모든 것도 사라졌습니다. 앞에 있던 산도 옆의 대적광전도 밑의 마당도 뒤쪽의 건물도 모두가 없어지고, 수천만 리의 끝없는 평지가 펼쳐졌습니다.

약간 옅은 황금색을 띤 누르스름한 대지가 수천만 리 펼쳐져 있는데, 그 대지의 끄트머리에 범자梵字로 된 '옴마니반메훔' 여섯 글자가 해돋이처럼 빨갛게 땅에서 솟아나 공중에 똑바로 서 있는 것이었습니다.

나는 아무런 생각도 없이 그 자리에 서서 해처럼 빨갛게 솟아 있는 여섯 글자를 바라보고 있었는데, 그 시간이 굉장히 긴 것처럼 느껴졌습니다. 그때 축대 밑에서 올라온 도반스님이 내 등을 두드렸습니다.

"왜 여기에 서 있노? 빨리 예불하러 들어가야지."

순간 나는 다시 현실로 돌아왔습니다. 잠시 주위가 깜깜해지더니, 산과 건물과 마당이 다시 확인되었습니다. 그 시간이 나한테는 한없이 긴 시간처럼 느껴졌지만, 실제로는 불과 5분도 안 되는 시간이었습니다.

이 체험이 있고 난 다음부터는 머리가 매우 명석해졌고, 일상생활 속에서 이상한 일들이 종종 일어났습니다.

그 무렵, 법당에서는 향로에 숯불을 담아 사용했습니다. 하루 세 차례, 곧 새벽예불 때와 사시마지 때와 저녁예불 때 향로에 불을 담아 써야 하기 때문에, 저녁에 부전 스님 방의 화로에 숯불을 담아 놓았다가 이튿날 사용하였습니다.

어느 날 향로에 불을 담기 위해 부엌으로 갔을 때, 공양주 스님이 큰 목탁을 탁탁 치며 '밥물이 넘었다. 불을 끄집어내어라'는 신호를 보냈습니다.

나는 밤새도록 쓸 숯불을 화로에 담고 난 다음, 느닷없이 그 벌건 숯불을 손으로 만져 봤습니다. 벌건 숯불을 손으로 집어 들자, 곁에 있던 공양주와 대중들이 놀라 소리를 쳤습니다.

그러나 나는 그 숯불이 조금도 뜨겁지 않았습니다. 손도 전혀 데지 않았습니다. 오히려 어른들이 놀라 꾸지람을 하셨지만, 나는 아무렇지가 않았습니다.

그와 같은 일이 있은 다음, 나는 나에게 어떤 다른 기운이 온 것 같은 이상한 무엇이 느껴졌습니다. 그리고 그 기운의 충동 때문에 가만히 있지를 못하여, 생각만 나면 수시로 해인사 대적광전의 지붕 위를 올라갔습니다.

그때는 경제 사정이 어려워 평소에는 고무신도 운동화도 신지 못하던 시절이었습니다. 멀리 출타를 할 때는 고무신을 신었지만, 집 안에 있을 때는 타이어 찌꺼기로 발가락만 끼우게 만든 게다짝을 신고 다녔습니다.

시도 때도 없이 스르르 방을 빠져나가 그 게다를 신고 발로 땅을 한번 툭 치면, 나의 몸은 이미 대적광전 지붕 위에 올라서 있는 것이었습니다. 그리고 게다를 신은 채로 지붕 위와 용마루 위를 뛰어다녔습니다.

보통 사람은 맨발로 다녀도 경사가 급해 몸도 제대로 가누지 못하는 지붕 위를, 게다를 신고 평지처럼 왔다갔다하고 막 뛰어다녔습니다. 나와 같이 있던 도반들은 이러한 나를 보고 밑에서 소리쳤습니다.

"야, 저것 봐라, 미쳤다. 저것 봐라, 미쳤어."

그리고 자주 가야산을 누비고 다녔습니다. '가고 싶

다'는 생각이 일어나면 가야산 중허리의 마애불까지 순식간에 다녀왔고, 가야산 꼭대기와 매화산과 미륵봉 등을 한 바퀴 도는데 불과 10분 내지 15분이 채 걸리지 않았습니다.

흔히들 이야기하는 축지법이 그런 것인지는 모르겠지만, 훌쩍 뛰어올라 첫 봉우리만 나의 발에 닿으면 전체 산봉우리가 다 나의 발 밑에 들어왔습니다. 이 산봉우리를 밟고 한번 뛰어 저 산봉우리를 밟으면서, 가야면과 가야산 전체를 다 둘러보며 다녔습니다.

또, 한번은 마애불 근처로 가서 집채만한 바위를 밀어 보았더니 바위가 그냥 밀려갔고, 주먹을 불끈 쥐고 바위를 쳤더니 마치 물 속으로 들어가듯 팔이 바위 속으로 쑥 들어가는 것이었습니다.

이처럼 이상한 일들을 경험하면서, 한편으로 나 자신이 점점 날카로워지는 것을 느끼게 되었습니다. 전에는 어른 아이 할 것 없이 원만하게 지냈는데, 나 자신이 날카로워지면서 거슬리는 것을 참지 못하고 자꾸만 톡톡 쏘아붙였습니다.

나 자신이 어른들께 그 당시의 이상한 기운에 대해 소상하게 말씀을 드리지 않았고, 어른들도 내가 어떤 상태인지를 유심히 살피지 않고 지내다가, 그것이 무엇인지도 모른 채 그 고비를 넘기고 있었습니다.

　다행히 나 스스로 신경이 자꾸 날카로워지는 것을 느꼈고, 어른들한테도 마구 대하였으며, 곁에서 '저 아이 좀 이상해졌다'라는 이야기를 자주하여, 육자주를 그만두었습니다.

능엄주기도로 신통한 힘을

6·25가 완전히 끝나기 몇 달 전, 나는 해인사를 떠나 오대산으로 향했습니다. 하지만 전란 때문에 오대산의 출입을 금하고 있다는 소식을 접하고 청화 보경사로 발걸음을 돌렸습니다.

나는 보경사 서운암에서 능엄주 기도를 시작했습니다. 그 당시에는 스님들이 아침 시간에 지금 많은 불자들이 하고 있는 『능엄경』의 대능엄주를 하지 않고, 대능엄주 마지막 부분의 70여 자로 된 아주 짧은 것을 외웠습니다. 이 능엄주를 소개하면 다음과 같습니다.

南無 大佛頂如來密因 修證了義 諸菩薩萬行 首楞嚴神呪
나무 대불정여래밀인 수증요의 제보살만행 수능엄신주

다냐타 옴 아나례 비사제 비라 바아라 다리 반다 반다니

바아라 바니반 호움 다로웅박 사바하

나도 백일을 목표로 이 능엄주 기도를 하기로 했습니다. 식사는 일체의 부식 없이 소금간만으로 밥을 먹었는데, 2주쯤 지나자 밥 생각만 하여도 구역질이 날 정도였습니다.

열악한 환경에서의 백일기도였으므로 신체적으로 너무 무리를 주는 것은 좋지 않겠다고 판단하여, 법당에서 기도하는 시간을 하루 8시간으로 정했습니다. 그리고 나머지 시간은 주로 보행을 하면서 능엄주를 마음에서 놓치지 않으려고 꾸준히 노력했습니다.

그런데 60일을 넘기고 70일쯤 되었을 때부터 심한 장난이 붙기 시작했습니다. 새벽녘이 되어 눈을 뜨면 '오늘 몇 시에 어디에 사는 누가 온다'라는 생각이 드는데, 정말 그때가 되면 그 사람이 나타났습니다.

며칠이 더 지나자 가만히 방에 앉아 이십 리 삼십 리 밖의 신도들 집이 다 보였습니다. 공부가 완전히 마무리된 단계에서 생긴 일이 아니라, 공부를 지어 나가는 과정에 이 장난이 붙은 것입니다.

뿐만이 아닙니다. 생각만 일으키면 눈앞에 있는 TV를 보듯이 동네의 모든 집이 보이고, 사람들의 이야기 소리도 들리는 것이었습니다. 밥상 위의 반찬이 무엇이며, 어떻게 하루를 보내고 있는지가 낱낱이 보였습니다.

예를 하나 들자면, 아침에 어머니가 아이와 다투는 것이 다 보이고 다 들렸습니다. 아이가 말했습니다.

"엄마, 오늘까지 월사금을 가져가지 않으면 선생님이 혼을 낸댔어. 빨리 줘."

"오늘 구해 놓을 테니 내일 가져가거라."

"오늘 가져가지 않으면 혼나. 학교 가지 않을 거야."

"그러지 말고 가거라."

"싫어."

"이놈의 자식이! "

이렇게 모든 내용이 생생하게 보이고 표정까지 또렷이 보이는 것이었습니다.

더 이상한 것은 어떤 사람이 내 앞에 서면 그 사람의 몸이 마치 투명체처럼 다 들여다 보이고, 뼈 마디마디까지 그대로 보였습니다. 그 사람은 아직 아무것도 못 느끼고 있건만, 병이 어디에서 시작되어 어디까지 진행되었으며, 얼마 후면 어느 자리에서 어떻게 아픈 상태가 벌어진다는 것이 내 눈에는 다 읽혀졌습니다.

더욱 신기한 것은, 아픈 사람에게 내 생각대로 앞에 있는 나뭇가지를 하나 꺾어주면서 '이것을 씹어서 잡수

시라'든지, 잎을 따서 '이걸 달여 먹으면 낫는다'고 하면, 약도 아닌데 분명히 그 사람의 병이 낫는 것이었습니다.

참으로 신기하기 짝이 없는, 그와 같은 장난이 붙는 시간이 이어지자 호기심이 자꾸만 일어났고, 마지막 20여 일은 기도를 하였으나 제대로 집중을 하지 않고 보내게 되었습니다.

이듬해가 되자 나는 덕숭산 정혜사로 갔습니다. 그곳에는 도를 깨달은 금봉錦峰스님이 계셨는데, 그때 '도가 통했다는 것을 나도 체험한 것인가?' 하는 생각이 들어, 금봉스님께 경험했던 일들을 자랑처럼 말씀드렸더니 대뜸 호통을 치셨습니다.

"이 죽일 놈! 마구니의 자식새끼! 중노릇을 한 게 아니고 마구니 노릇을 했구나. 너 같은 놈은 당장 죽여버려야 된다. 너 같은 놈 살려 놓으면 여러 사람을 망쳐 놓는다. 당장 주문을 버리든지 이 자리에서 죽든지를 택해라."

그날부터 스님께서는 일체 바깥 출입을 못하게 하셨고, 곁에 머물게 하시어 '아무것도 하지 말라'며 엄히 단속하셨습니다.

나 또한 의식적으로 능엄주를 하지 않으려고 하였지

만, 무의식 중에 능엄주를 하고 있는 경우가 많았습니다. 가끔 노스님께서 "지금 뭐하노?"하시면, 깜짝 놀라며 "아무것도 안 합니다"고 답하였지만, 나도 모르게 능엄주를 하고 있는 자신을 발견하곤 하였습니다. 그때마다 금봉 노스님께서는 말씀하셨습니다.

"참말로 아무것도 안 하나? 그거 뗼려면 죽기보다 더 힘이 들 거다."

정말 그랬습니다. 막상 눈앞에서 전개되는 신통한 일에 호기심이 붙고 재미가 붙은 상태에서는, 뗼려고 해도 참으로 떼기가 힘이 들었습니다. 노스님의 '죽기보다 더 힘들 거다' 하시는 말씀이 결코 과장이 아니었습니다.

나한님의 가피

수년 뒤 나는 강화 보문사에 가서 7일 동안 나한 기도를 했습니다. 그때는 은사이신 고봉古峰스님을 모시고 글을 배우는 시절이었으므로 나의 원도 경전공부와 관련이 있었습니다.

"부처님의 경전을 공부하는 동안 저의 지혜가 남에게 뒤지지 않게 하옵소서. 중노릇 할 동안 장애 없이 공부 잘하게 하옵소서."

그때는 강화 보문사에 요즘처럼 많은 사람이 오지 않았습니다. 기도객도 많을 때는 대여섯분, 어떤 때는 혼자서 기도를 하는 그런 시절이었습니다.

주지를 맡은 노스님이 기도객 각각에게 다기와 목탁을 나누어주면, 자기의 다기물을 자기가 받아서 올리고, 목탁도 각자가 쳤습니다. 다만 제일 먼저 와서 터 잡은 사람의 목탁소리에 자기의 목탁소리를 맞추어야 했습니다.

당시만 해도 나는 무슨 일을 하든지 누구에게 지기 싫어했던 시절이었으므로, 특별한 가르침을 줄 만한 어른 이 있으면 악착같이 찾아가 배우고 익혔습니다.

나한 기도를 할 때도 마찬가지였습니다. 남에게 지기 가 싫어 남보다 먼저 일어나 법당에 가고, 남보다 늦게 까지 남아 목탁을 두드리며 독하게 '제대성중諸大聖衆' 을 외쳤습니다.

그런데 7일 기도의 마지막날 밤이었습니다. 그날도 늦게까지 기도를 하고 내려와 잠깐 누웠는데, 잠결에 목탁소리가 들려왔습니다. '아차 늦었다'는 생각에 앞 도 뒤도 돌아보지 않고 간단히 세수를 한 다음, 다기물 을 떠서 법당에 올라가 보니 아무도 없었습니다. 한밤 중인지 새벽이 되었는지도 알 수가 없었습니다.

그러나 법당에 올라왔으므로 천수경을 외우고 정근 을 시작했습니다. 시간이 지나자 기도객들이 들어왔고, 그 사람들에게 밀려 불단 바로 앞에서 목탁을 치며 '제 대성중 제대성중'을 불렀던 것까지는 분명히 기억이 납 니다.

그런데 '아차' 하는 짧은 순간이었습니다. 내 몸이 함께 정근하고 있던 사람들의 머리 위를 날아, 법당문 밖에 떨어졌습니다. 가사 장삼을 입은 채로 마당으로 날아가 엉덩방아를 찧고 넘어졌습니다. 그리고 그렇게 한참을 있다가 일어났습니다.

어떻게 된 영문인지 도무지 생각도 나지 않고 상상도 안 되는 일이 일어난 것입니다. 그때 목탁은 놓아 버렸는지 들고 나왔는지, 어떻게 날아갔는지 전혀 기억이 나지 않았습니다.

'기도를 잘못하여 나한님이 꾸지람을 하고 벌을 주는 것인가?'

대중방에 내려와 미닫이문에 등을 대고 무릎을 부여잡고 앉아 있으니 주지 스님이 와서 달래주셨습니다.

"기도 잘 했는데 왜 그러고 있느냐? 기도 성취했다."

"성취가 어디 있습니까? 벌 받았는데요."

순간 나는 설움이 복받쳐 훌쩍훌쩍 울었습니다.

"벌 받은 게 아니다."

그러나 주지스님의 말씀도 귀에 들어오지 않고 그저 부끄럽기만 했습니다. 그러다가 나도 모르는 사이에 앉은 채로 잠깐 잠이 들었는데, 잠 속에서 어떤 노스님이 오셔서 손으로 턱을 톡톡 치며 말했습니다.

"얼굴 좀 들어봐라, 이놈아. 네가 미워서 그런 게 아니다. 하도 코 밑까지 다가와서 '제대성중'을 외쳐대니 귀가 얼마나 따가웠겠느냐? 그래서 너를 살짝 밀었더니 그만 그렇게 되었구나. 네가 잘못한 것이 없으니까 걱정하지 말아라. 기도 잘했다."

나는 그와 같은 가피를 입었을 뿐 아니라, 보문사 주지 스님이 회향할 준비를 다 해주셔서 무사히 기도를 마쳤습니다.

◊

강화에서 기도할 때 겪은 이 일은 일종의 수기를 받은 것이라고 해도 좋을 것입니다. 우리가 살고 있는 이 법계는 그대로 부처님이므로, 법계의 가피력, 곧 부처님의 가피력으로 여러 가지 묘한 영험이 나타나게 되어 있습니다. 중생심衆生心으로는 추측도 상상도 할 수 없는 것이 대우주의 신비이고 대우주의 모습입니다.

평소에는 아무것도 볼 수가 없지만 지극한 기도를 하면, 부처님께서 그 사람에게 맞는 적절한 모습을 나타내어 우리의 소원을 이루어주십니다. 그리고 법계에 가득한 성현들께서도 순간적으로 큰 가피력을 보이시는 것입니다.

공삼매를 체험한 지장기도

서울에서는 비구 대처가 한창 다툴 무렵이었고, 나 개인적으로는 강화도 보문사에 가서 기도를 마치고 난 뒤 입니다. 나는 부산 연등사에서 여름 석달 동안 지장기도를 하였는데, 기도하는 중간에 또 하나의 고비가 나타났습니다.

어느 날 오전 시간에 '지장보살'을 부르는 지장정근을 계속 하고 있었습니다. 그런데 어느 순간에 눈앞에 계시던 부처님도 없고 벽도 없고 집도 없는, 아무것도 없는 상태가 펼쳐졌습니다. 분명히 눈을 뜨고 쳐다보는데 아무것도 없었습니다. 무변광야처럼 환하게 텅 비어 있었습니다.

분명히 그전까지는 목탁을 치고 지장보살을 불렀는

데, 그 순간에는 내가 목탁을 계속 치고 있었는지 '지장보살'을 계속 부르고 있었는지 기억이 나지 않았습니다.

그런데 기도를 끝낸 다음 곁에 있는 사람에게 물었더니, 분명히 목탁도 계속 쳤고 지장보살도 계속 불렀다고 했습니다. 오히려 평소보다 맑고 가라앉은 목소리로 계속 정근을 했다는데, 내 자신은 그것까지도 느끼지 못했습니다.

아무것도 없는 그런 공간과 그런 상태에서, 나 자신도 의식을 못한 채 두 시간 내지 세 시간을 그대로 보낸 것입니다.

포마의 극복

 연등사에서 지장기도를 마친 나는 사천 다솔사로 갔습니다. 그때는 강원의 학인들이 비구 대처 싸움 때문에 강원에서 경전조차 제대로 펴지를 못할 때였으므로, 다솔사에 가서 한 철 살면서 백일 관음기도를 시작한 것입니다.

 그런데 어느 날 새벽, 2시 40분에 일어나 세수를 하고 다기물을 떠서 법당에 들어가려고 법당문을 열었는데, 순간적으로 온몸이 그 자리에 얼어붙었습니다. 그때의 느낌은 내 몸의 털 하나 하나에 한 사람씩 붙어 잡아당기는 것 같았습니다. 머리털부터 시작하여 몸 위쪽으로는 수많은 사람이 털 한 개씩을 위로 잡아당기는 것 같았고, 아래로도 수많은 사람이 털 한 개씩을 아래로 잡아당기는 것 같아, 한 발짝도 움직일 수 없는 두려움 속에서 꼼짝달싹도 못하고 있었습니다.

법당 안으로 들어갈 수도 없고 들어가기도 싫은 상태였지만 그래도 억지로 들어가서 예불을 드리고 '관세음보살' 정근을 마치기는 했습니다. 하지만 그날 이후 법당을 쳐다보기도 싫은 상태가 며칠이나 계속 되었습니다.

또, 어느 날 저녁기도 시간이었습니다. 은사 스님께서는 내가 법당에 있는 동안 잘 찾지 않으시는데, 그날은 분명히 법당 밖에서 나를 부르셨습니다. 기도를 하다 말고 "예" 할 수는 없는 노릇이었으므로 계속 기도를 하였습니다.

은사 스님은 세 번을 부르다가 화가 나셨는지, 법당 문을 발로 '쾅'차고 가는 것 같았습니다. 분명히 은사 스님의 목소리요 행동이었습니다.

정근을 마친 다음 나는 은사 스님께 여쭈었습니다.

"스님, 제가 기도하고 있을 때 법당 밖에 오셔서 저를 부르셨는지요?"

"안 불렀다. 내가 언제 기도를 하고 있는 너를 부른 일이 있었더냐? 법당 쪽으로는 가지도 않았다."

이는 두려움의 마구니인 포마怖魔의 시련을 겪은 경우인데, 이러한 고비를 경험하고 나서는, 다시는 포마에 휩싸이지 않았습니다

그리고 기도정진을 하다보면 결코 거부하기 어려운 분이 나타나 방해를 함으로써 기도를 중단시켜 버리는 경우가 있습니다. 하지만 결코 중단을 하여서는 안됩니다. 중단을 하게 되면 업장을 녹이지 못하여 원성취를 할 수 없게 되기 때문입니다.

희마와 비마를 넘어서다

　다솔사에서 관음기도를 하면서 먼저 포마를 겪은 다음에는 희마喜魔 경계가 찾아왔습니다. 희마가 찾아오면 하염없이 기쁘고 좋아, 자꾸 웃음이 터져 나오는 상태가 됩니다.

　나는 아무런 좋은 일이 없는데도 웃음이 났습니다. 혼자 있어도 웃음이 터져 나오고, 무엇을 쳐다보기만 하여도 웃음이 터져 나왔습니다. 우는 사람을 보면서도 웃음을 주체할 수가 없었습니다.

　정근하는 도중에도 웃음이 터져 나오고, 천수를 치다가도 혼자서 웃기도 했습니다. 심지어는 우리 스님께 불려가서 "무엇이 그렇게 좋아 실성한 놈처럼 싱글벙글거리고 다니느냐?"며 꾸중을 듣는 그 자리에서도 계속 싱글벙글거렸습니다.

이 희마의 상태는 일주일가량 이어지다가 저절로 사라졌습니다.

희마가 사라지자 그 다음에는 슬픔이 찾아왔습니다. 비마悲魔를 경험한 것입니다.

처음, 비마의 경계가 찾아온 것은 오후 2시간을 정진할 때였습니다. 법당에 들어가서 천수를 마치고 다기를 연 다음, '아금청정수 변위감로다~ 대자대비관세음보살' 하면서 정근 목탁을 치기 시작한 것까지는 분명히 기억을 하는데, 그 다음부터는 어떻게 되었는지 기억이 나지 않았습니다.

얼마나 시간이 지났는지도 알 수가 없었습니다. 다만 정근을 마칠 시간쯤 되어서 보면, 목탁은 이쪽으로 떨어져 나가 있고 목탁채는 저쪽으로 떨어져 나가 있었으며, 나는 나대로 좌복에 엎드려 얼마를 울었는지 좌복이 눈물에 흥건히 젖어 있는 것이었습니다.

'아, 내가 왜 이럴까? 내가 언제부터 이랬을까?'

그러나 도무지 생각이 나지 않았습니다. 그날 저녁 정근 시간에도 별다른 주의 없이 기도를 시작했는데 낮에 겪은 비마를 그대로 체험했습니다. 정신을 차리고 보니 똑같은 경우가 벌어져 있는 것이었습니다. 그 다음날 새벽 역시 기도를 하다가 또 그대로 당했습니다.

"내가 왜 이럴까? 정신을 차려야지."

낮시간부터는 정신을 바짝 차리고 기도를 시작했습니다. 그러나 다기물을 올리고 '아금청정수 변위감로다 ~ 대자대비관세음보살' 부를 때까지만 의식이 있고, 그 다음의 동작은 전혀 기억을 할 수 없었습니다.

이런 상태가 한 일주일쯤 계속 되더니, 언제 어떻게 그치게 되었는지도 모르게 그런 상태가 없어졌습니다. 희마에 휩싸일 때는 그렇게 심하지 않았지만, 비마의 차원은 지금까지도 전혀 가늠할 수가 없을 만큼 슬픔에 깊이 빠졌습니다.

이렇게 비마의 상태가 지나가고 난 다음 소름이 끼치는 상태가 또 찾아왔습니다. 하지만 앞에서 경험한 포마의 경우처럼 심한 두려움의 상태가 아니라, 수시로 온몸에 소름이 돋는 것이었습니다. 두렵다는 생각은 없었지만, 소름이 몇 번씩이나 찾아오는 그런 고비를 넘겼습니다. 그리고 그 다음에는 별다른 장애 없이 정진을 잘하여 백일 관음기도를 무사히 마쳤습니다.

결국 나는 다솔사에서의 백일 관음기도를 통하여 두려움의 마구니·기쁨의 마구니·슬픔의 마구니가 왔다가는 체험을 고루고루 다 겪었습니다. 옛어른들의 말씀대로라면, '모든 업장을 소멸하고 원결이 풀어지는 고비'를 경험한 것입니다.

§

물론 이러한 경계는 개개인이 다 다르게 나타납니다. 경험하는 이도 있고 경험하지 않는 이들도 있습니다. 근기가 다르고 환경이 다르기 때문에 일률적으로 적용을 할 수가 없습니다.

그러나 겪어 나가는 과정에서 비슷비슷한 마장들이 나타나므로, 이러한 경계를 체험하고 나면 후학들에게 그런 고비가 있을 때 흔들리지 말고 극복을 해 나가는 이야기를 자신 있게 해 줄 수 있습니다. 결국 한 단계를 극복하고 나면 극복한 만큼 향상이 되는 것입니다.

여기에 덧붙여 말씀드리자면, 보통의 경우에는 희마·비마·포마의 경계를 넘어서고 난 다음에 신통스러운 경지인 식광識光의 고비가 나타납니다. 그러니까 나처럼 식광이 먼저 나타나고, 희마·비마·포마가 그 다음에 나타나는 예는 별로 없습니다. 어른들의 체험담을 들어보고 종합해 보면, 희마·비마 등의 고비를 넘어가고 난 다음에 식광의 차원이 나타나는 것이 일반적인 경우라는 것을 알 수 있습니다.

이제 이 마장과 관련하여 꼭 당부드리고 싶은 것이 있습니다. 그것은 희마·비마·포마의 경계나 식광의 경계 모두 공부를 지어 나가는 과정에서 겪는 고비요, 업이 녹아내리고 도와 가까워지고 있음을 알려주는 것일 뿐, 이것이 전체도 공부가 끝난 자리가 아니라는 것입니다.

그러므로 부처님의 차원에 도착할 그때까지 임시로 나타나는 식광이나 시험의 상태에서 벌어지는 것들에 대해 집착하지 마십시오. 만약 그 경계를 경험하면서 '이제 내 공부가 다 되었다'고 받아들이면 돌이킬 수 없는 착각에 빠지게 됩니다.

그러므로 공부가 완전히 익어 내 살림살이가 될 때까지, 내가 하던 공부를 흔들림 없이 꾸준히 지어나가는 것이 가장 중요합니다. 잘 명심하시어 자타일시성불도自他一時成佛道를 성취하시기를 축원드립니다.

제 2 장

목숨을 구한 기도

자식을 살린 어머니의 기도

　지금은 돌아가셨지만, 울산 동광병원의 이사장으로 있던 박영철 선생을 아들로 둔 김보운화金寶雲華라는 보살님이 있었습니다. 불교에 대한 믿음이 독실하였던 보운화 보살은 절에 가는 것을 무엇보다 좋아했습니다.

　서울대학교 의과대학에 다니는 박영철이 방학을 맞아 집에 올 때에도, 아들 곁에 있기보다는 절에 가기를 더 좋아하였습니다. 그것이 아들은 싫었습니다. 어머니를 부처님께 빼앗긴 듯이 느껴졌습니다.

　'엄마는 절 밖에 몰라. 나보다도 절이 더 좋은가 봐.'

　마침내 아들은 어머니를 미워하기에 이르렀고, 동시에 절을 싫어하고 불교를 싫어했습니다. 그러다가

6·25가 일어나자 아들 박영철은 군의관이 되어 7년을 복무했습니다.

그 7년 중 6·25 전쟁을 치른 3년 동안, 보운화보살은 옆구리를 방바닥에 댄 적이 없었습니다. 낮이건 밤이건 염주를 돌리며 '관세음보살'을 염하였고, 극히 피곤하면 벽에 기댄 채 잠깐씩 눈을 붙였습니다. 그야말로 무섭도록 관음정근을 한 것입니다.

그런데 어머니의 염불 정진한 덕은 아들에게 그대로 전해졌습니다. 아들이 위급한 고비에 처할 때마다 어머니의 외침이 들려와 위기를 면하였던 것입니다.

하루는 박영철 군의관이 막사에서 쉬고 있는데, 어머니의 다급한 음성이 비몽사몽간에 들려왔습니다.

"영철아! 어서 막사에서 나와 달려가거라. 어서!"

박영철은 얼떨결에 일어나 막사 밖으로 달려나갔고, 간발의 차로 적의 포탄이 막사 위에 떨어졌습니다.

또 하루는 구급차를 타고 가는데, 바로 옆에서 외치는 듯한 어머니의 큰 소리가 차안에 울려 퍼졌습니다.

"영철아, 네가 왜 그 차를 타고 가느냐? 빨리 뛰어내려라. 빨리!"

박영철은 달리는 구급차의 문을 열고 뛰어내렸고, 차는 조금 더 나아가다가 지뢰를 밟아 산산조각이 나버렸습니다. 목숨이 경각에 달하는 상황에 처할 때마다 들려왔던 어머니의 외침!

제대를 한 박영철은 어머니 앞에 무릎을 꿇고 앉아 울면서 사죄하였습니다.

"제가 학교를 다닐 때, 어머니께서는 제 곁에 있는 것보다 절에 가는 것을 더 좋아하는듯이 느껴졌습니다. 그래서 어머니를 미워하고 절도 불교도 부처님도 싫어했습니다. 그런데 군의관 생활 7년 동안, 꼭 죽을 고비를 어머니의 기도 덕분에 여러 차례 무사히 넘겼습니다. 제가 이제껏 살아 있는 것은 모두가 어머니의 지극한 정진력 덕분입니다. 어머니! 어머니를 미워하고 불교를 싫어했던 이 못난 자식을 용서해 주십시오."

※

보운화보살의 기도는 당신 자신의 수행력을 높여주었을 뿐아니라 아들의 생명까지 구해주었습니다.

상식의 선에서 생각해 보십시오. 울산에서 관세음보살을 부르는데 전방의 막사나 전쟁터에 있는 아들 귀에 어떻게 어머니의 외침이 들릴 수 있겠습니까? 하지만 관세음보살을 부르는 어머니의 일심은 시간과 공간을 초월하고 있습니다.

지극한 일심칭명一心稱名! 보운화 보살처럼 일심으로

관세음보살을 부르면 관세음보살은 즉시에 그 음성을 들으시고 해탈을 얻게 해주십니다.

일심으로 일념으로 염불을 하면, 부지런히 노력하여 일념을 이루면, 관세음보살은 그 즉시에 기도인의 소원을 관찰하시어 해탈을 얻도록 해주시는 것입니다.

이렇듯 상상도 할 수 없고 추측도 할 수 없는 것. 이것이 관세음보살의 가피력이요 부처님의 가피력이며, 기도의 기적입니다. 분명히 믿으십시오. 일심으로 불보살님의 명호를 부르면 상식을 초월한 기적과 가피력이 반드시 임하게 된다는 것을!

참형 직전에 살아난 혜화스님

중국 남북조 시절, 중조사衆造寺의 승려 혜화惠和는 출가 전 호족의 첩자로 활동하다가 관군에게 쫓기게 되었습니다. 그는 들에서 일하는 농부와 옷을 바꾸어 입고 고향으로 돌아가면서 관세음보살을 외우며 불안 감을 달래었습니다. 그러나 거동을 수상하게 여긴 관군에게 잡혔고, 참형을 당할 날을 기다려야 했습니다. 그때 그는 생각했습니다.

'죽음을 눈앞에 둔 몸. 마지막으로 관세음보살님께 매달려 보자. 가피를 입지 못한다 할지라도 저승길은 편하지 않겠는가.'

그는 간절히 기원하며 '관세음보살'을 불렀고, 마침 내 참형의 시간이 다가왔습니다. 그는 끊임없이 관세음보살을 염하며 죽음의 칼을 받았습니다. 그런데 기적이 일어났습니다. 번득이는 칼날이 그의 목을 내리쳤건만, 목은 끊어지지 않고 칼이 부러졌습니다. 두 번 세 번 칼을 바꾸어 내리쳤지만 결과는 마찬가지였습니다.

이상히 여긴 집행관이 사연을 물었고, 집행관으로부터 사연을 전해들은 왕은 그를 살려주었으며, 살아난 그는 승려가 되어 불교를 널리널리 전파하였습니다.

대신 칼을 받은 관세음보살

　중국 제나라때의 고왕高王 밑에서 높은 벼슬을 지낸 손경덕孫敬德은 집 안에 관세음보살상을 모시고 항상 공경히 섬겼습니다.

　어느 때 간악한 무리들의 모함으로 대역죄를 뒤집어 쓴 손경덕은 3일 후 사형에 처해지게 되었습니다. 죽을 날을 기다리며 옥에 갇힌 그는 억울함과 초조함과 원망스러운 마음을 걷잡을 수가 없었고, 마침내 그 원망이 관세음보살님께로 향했습니다.

　"내가 평소에 관세음보살님 대하기를 소홀히 하지 않았거늘, 어찌 이렇듯 큰 누명을 쓰고 죽어야 한다는 것인가? 대자대비하다는 관세음보살님도 무심하기 그지없구나….

이렇게 원망도 하고 은근히 관세음보살님의 구원도 바라면서 몸을 뒤척이다가 잠이 들었습니다. 그런데 비몽사몽간에 노스님 한 분이 나타나, 일찍이 들어본 적이 없는 『구고관음경救苦觀音經』을 가르쳐 주신 다음 말했습니다.

"이 경을 1천번만 일심으로 외우면 죽음을 면하리라. 빨리 일어나 외우도록 하여라."

손경덕은 황급히 일어나 노스님께서 일러주신 『구고관음경』을 기억해 보았고, 3백 글자가 넘는 경문이 저절로 외워졌습니다. 손경덕은 이 경을 지성으로 외웠습니다. 밥을 먹는 것도 잠을 자는 것도 잊어 버리고 오직 이 경만 외웠습니다.

드디어 처형을 당하는 날이 다가왔지만, 손경덕은 조그마한 공포심도 없이 의연히 웃옷을 벗고 형장으로 향하는 수레 위에 앉았습니다. 그리고 오로지 『구고관음경』만을 지성으로 외워 형장에 이르기 직전에 겨우 1천번을 외워 마쳤습니다.

마침내 망나니는 칼을 번쩍 들어 손경덕의 목을 내리쳤습니다. 그런데 뜻밖에도 칼은 세 조각이 나면서 부러졌고, 손경덕의 목은 흠 하나 없었습니다. 망나니가 세 번이나 칼을 바꾸어 형을 집행하였지만 결과는 마찬가지였습니다.

당황한 사형 집행관이 왕에게 이 사실을 보고하자, 왕은 즉시 손경덕을 불러 물었습니다.

"도대체 그대가 어떤 환술幻術을 부린 것인가?"

"환술이 아니라 『구고관음경』을 외웠을 뿐입니다."

관세음보살님의 위신력에 감복한 왕은 손경덕을 사면함과 동시에, 『구고관음경』을 자신의 왕명을 따서 『고왕경高王經』이라고 이름한 다음, 백성들에게 널리 읽도록 명하였습니다.

손경덕은 집으로 돌아와 관세음보살상 앞에서 감사의 예배를 올렸습니다. 그리고 관음상을 살펴보니 목에 칼을 맞은 자국이 세 군데나 있었습니다. 관세음보살님께서 대자비로 손경덕의 고통을 대신 받고 목숨을 살려준 것입니다.

정백린의 참회 관음기도

　중국 양나라 때 양주 땅에 살았던 정백린程伯鱗은 평소 관세음보살을 정성껏 부르며 기도하였습니다. 어느 해 여름, 전쟁이 일어나 적병이 양주 땅으로 쳐들어오게 되자, 정백린은 집 안에 모신 관세음보살님께 가족의 안전을 기원했습니다. 그날 밤, 관세음보살님은 정백린의 꿈에 나타나 말씀하셨습니다.

　"그대 가족 17명 중 16명은 무사히 피난할 수 있지만, 한 사람만은 안 된다."

　"그 한 사람이 누구입니까?"

　"바로 그대이니라."

　"어찌하여 그러합니까?"

　"그대는 과거 전생에 어떤 사람을 칼로 26번이나 베

어 죽인 일이 있었다. 그 사람이 지금 대장군 왕마자王
麻自가 되어 양주 땅으로 쳐들어오고 있다. 이제 그대는
전생의 과보로 왕마자의 칼에 죽임을 당할 것이다. 그
대는 홀로 집 안에 남아, 피난 가는 가족들이라도 온전
히 살아남을 수 있도록 함이 좋으리라."

꿈은 너무나 생생하였습니다. 정백린은 가족을 모두
피난시킨 다음, 집 안의 관세음보살상 앞에 앉아 정성
을 다해 염불했습니다. 5일이 지나자 칼을 뽑아 든 장
군 한 사람이 대문을 박차고 집 안으로 들어섰고, 정백
린은 담담한 자세로 그를 맞이하였습니다.

"어서 오십시오. 왕마자 장군."

"어? 어떻게 나의 이름을 알고 있소?"

어리둥절해 하는 왕마자에게 정백린은 관세음보살님
께서 현몽한 이야기를 들려준 다음, 왕마자 앞에 무릎
을 꿇고 말했습니다.

"내가 전생에 당신을 죽였으니, 오늘 내가 당신의 손
에 죽는 것은 너무나 당연합니다. 기꺼이 죽겠습니다.
다만 한 가지, 우리의 원결은 오늘 이 자리에서 모두
풀어 버리고 다시는 서로 원수가 되지 맙시다."

그 말을 들은 왕마자는 가슴이 확 뚫리는 것을 느꼈
습니다.

"좋소이다. 오늘로써 전생의 원한을 모두 풀고, 앞으로는 세세생생 다정한 벗이 됩시다."

왕마자는 정백린의 몸을 칼등으로 26차례 가볍게 내리친 다음 부하들을 이끌고 떠나갔습니다.

§

이 정백린처럼 평소에 꾸준히 기도생활을 하면, 뜻밖의 재난이나 원수가 이르렀을 때 불보살님의 가피가 저절로 임합니다. 그리하여 상대의 마음 깊은 곳에 맺힌 원결이 풀어지게 됩니다.

정백린은 다가오는 업보를 피하고자 하지 않았습니다. 무섭기 그지없는 죽음의 그림자를 편안한 마음으로 기도를 하며 맞이할 준비를 했습니다. 그리고 상대가 찾아왔을 때 참회와 함께 죽이라고 한 다음, 더 이상의 원결을 맺지 않겠다는 뜻에서 '다시는 서로 원수가 되지 말자'고 했습니다.

이와같은 정백린이야말로 '참된 기도인'이라 하지 않을 수 없습니다. 과연 이 참된 기도인을 대하는 원수의 모습은 어떻게 바뀌었습니까? 칼을 휘두른 것이 아니라 원결을 풀고 친구가 되었습니다. 복수심이 더 없는 자비심으로 바뀐 것입니다.

한용운 스님의 구사일생

　승려요 독립운동가요 시인으로 널리 알려져 있는 만해卍海 한용운韓龍雲(1879~1944) 스님은 1905년 설악산 백담사로 출가하여 대부분의 시간을 관음기도처로 이름 높은 오세암五歲庵에서 보냈습니다. 스님은 이 오세암에서 불경을 공부하고 글을 쓰는 틈틈이, 관세음보살님께 열심히 기도했습니다.

　1910년, 일본이 이 나라를 강제로 점령하고 국권을 찬탈하자, 망국의 울분을 참을 길 없었던 스님은 1911년 가을, 행장을 수습하여 표연히 만주로 떠났습니다.

　간도지방에 도착한 스님은 동포들을 만나 이역異域의 생활을 묻기도 하고 고국의 사정을 전하기도 하였으며, 그곳의 독립지사와 협력하여 동포를 보호할 방법과 독립운동의 방향 등을 의논하였습니다.

그러던 그가 통화현通化縣에 갔을 때, 그곳은 감격과 희망 속에 불안이 뒤범벅된 묘한 분위기에 싸여 있었습니다. 조밥으로 연명하면서도 밤이 되면 관솔불을 켜 놓고 천하 대사를 논의하였으며, 화승총을 쏘는 훈련을 하였습니다. 그리고 본국에서 온 사람에 대해 처음에는 감시하고, 그 다음에는 의심으로, 마침내는 목숨을 빼앗는 일까지도 서슴지 않았습니다.

어찌된 영문인지 한용운 스님도 정탐꾼의 혐의를 받게 되었는데, 만주 통화현에서도 한참을 들어간 두메산골에 갔다가 나올 때 '바래다 준다'며 20세 전후의 조선 청년 3인이 따라나서는 것이었습니다.

길은 차츰 산골로 접어들었고, 일행은 굴라재라는 고개를 넘게 되었습니다. 그곳은 나무가 하늘을 찌를 듯이 우거져 대낮에도 하늘이 잘 보이지 않았습니다.

바로 그때, 스님의 뒤를 따라오던 청년 한 명이 총을 쏘았습니다. 순간 귓전이 선뜩함을 느꼈고, 이어지는 두 번째 총소리가 울리면서 아픔이 느껴졌습니다. 그리고 또 한 방의 총성이 울려퍼졌습니다. 이때 스님은 그들을 돌아보며 잘못을 꾸짖고자 목청껏 소리쳤지만, 성대가 끊어졌는지 입 밖으로 전혀 소리가 나오지 않앉습니다.

동시에 피가 댓줄기처럼 뻗쳤고 격렬한 아픔이 전신을 휩쓸었습니다. 그러다가 심한 통증이 사라지면서 지극히 편안한 순간이 다가왔습니다.

'지금이 생生에서 사死로 넘어가는 순간이구나. 이제 죽는구나.'

이윽고 편안한 감각까지 사라지면서 스님은 완전히 혼절하여 죽음의 상태로 들어갔습니다. 그런데 평소에 행했던 기도가 환체幻體가 되어 나타났습니다. 바로 관세음보살이 나타난 것입니다.

'아, 아름답구나, 기쁘구나.'

앞이 눈부시게 환해지면서 이 세상 어디에서도 볼 수 없는 어여쁜 여인이 누워 있는 스님을 향해 미소를 지으면서, 섬섬옥수에 쥐고 있던 꽃을 던져주며 말했습니다.

"생명이 경각에 달했는데 어찌하여 가만히 있느냐?"

그 소리와 함께 정신을 차린 스님은 눈을 뜨고 주위를 살폈습니다. 날은 어두웠고 피는 흘러나오고 있었으며, 총을 쏜 청년들은 짐을 조사하고 있었습니다.

스님은 황급히 일어나 피를 흘리며 오던 길로 되돌아갔습니다. 핏자국을 보고 뒤쫓을 그들이 자신들의 마을 쪽으로 간 것을 알면 안심하고 천천히 쫓아올 것으로 판단했기 때문입니다.

스님은 이렇게 한참을 가다가 다시 돌아서서, 산을 넘어 청淸나라 사람들이 사는 마을로 갔습니다. 그 마을 사람들은 마침 촌장村長 집에서 계契를 하고 있었는데, 피를 흘리며 들어오는 스님을 맞아들여 지혈을 시켜주고, 귀 뒤와 몸에 박힌 총알을 제거하는 큰 수술을 시작했습니다.

"매우 아플 테니 마취를 해야 합니다."

의사가 말했지만, 스님은 굳이 마다하였습니다. 생뼈를 깎아내는 소리가 빠각빠각 나는 수술인데도 스님은 신음소리 한번 내지 않고 끝까지 견뎠습니다.

"이 사람은 인간이 아니고 활불活佛이로다."

치료를 다 마친 의사는 감탄하여 치료비도 받지 않았다고 합니다.

❧

평소 관세음보살을 깊이 섬겼기 때문에 절대절명의 순간에 큰 가피를 입었던 한용운스님. 이후 스님은 불교개혁운동과 독립운동을 하면서 초인적인 모습을 많이 보여 주었습니다. 그것은 단순히 정신력의 힘만이 아니라, 관세음보살의 가피 아래에서 생사를 초월한 힘을 얻었기 때문이었습니다.

상투 속에 지장보살을 모신 건갈

중국 당나라 말기에, 높은 벼슬에 있으면서도 돈독한 신심 속에서 청정하게 일생을 보낸 건갈健渴(858~935)이라는 분이 있습니다. 중년 시절의 어느 날, 그는 생각했습니다.

'나처럼 속가에 사는 거사는 어떤 불보살을 모시며 수행하는 것이 좋을까?'

그는 몇몇 스님께 자문을 구하였는데, 그중 한 스님이 말했습니다.

"내 생각 같아서는 지장보살을 섬기는 것이 좋을 듯합니다. 지장보살은 부처님으로부터 말세의 죄고중생罪苦衆生을 제도할 것을 부촉 받으셨으니까 말이오."

그 말은 신묘하리만큼 건갈의 마음에 공명을 불러일

으켰습니다.

'지장보살님은 나처럼 부모님을 섬기고 가족과 함께 세간 속에서 살고 있는 중생들의 제도를 부처님께 부촉 받으셨다. 어찌 지장보살님이 나를 져버리시랴!'

그날부터 건갈은 지장경을 읽고 열심히 '지장보살' 염불을 하며 수행에 힘썼습니다.

그리고 항상 '지장보살을 받들어 모시고 다녀야겠다'는 생각이 들어, 전단향 나무를 구하여 높이가 4cm정도 되는 지장보살상을 조성한 다음, 상투 속에 정중히 감추어 모셨습니다.

그는 다닐 때나 머무를 때나 눕거나 앉거나 사람들과 이야기할 때나, 항상 지장보살을 모시고 있다는 생각을 잊지 않았습니다. 가히 생각 생각에 지장보살을 잊지 않고자 노력하였던 것입니다.

그러던 중 923년에 전쟁이 일어났습니다. 건갈은 적군에게 포위되어 곧 죽을 지경에 이르렀지만, 일심으로 지장보살만을 생각하고 있었습니다. 그런데 적군의 대장인 듯한 자가 건갈을 발견하고는 잠시 주춤하더니, 크게 놀란 듯한 거동으로 연신 말에 채찍질을 더하여 달아났고, 병사들도 정신없이 그 뒤를 따라가 버리는 것이었습니다.

또 930년에 건갈은 새로운 관직을 받아 부임을 하기 위해 길을 떠났습니다. 어느 후미진 냇가에 다다랐을 때, 이상한 느낌이 든 건갈은 일심으로 지장보살을 생각하면서 다리를 건너 산 밑에 이르렀는데, 한 사나이가 바쁜 걸음으로 그를 부르며 따라오고 있었습니다.

'이제 올 것이 왔구나. 곧 큰 재앙이 닥치리라.'

그 사람이 이전부터 건갈에게 깊은 원한을 품고 있었으므로 그렇게 생각한 것입니다. 그런데 사나이의 태도가 민망하리만치 정중하게 바뀌어 말하는 것이었습니다.

"내 이번에 당신이 이 길을 통과하여 부임처로 갈 것을 알고 있었기 때문에, 당신을 죽이기 위해 미리 저 다리 부근에 숨어 있었다오. 그런데 당신이 멀리서부터 말을 타고 오는 것을 똑똑히 보았는데, 다리 가까이에 이르자 갑자기 스님 한 분이 지나갈 뿐, 당신도 말도 보이지 않는 것이었소. '이상한 일이다' 생각하며 유심히 살펴보았지만, 역시 스님 한 분만이 다리를 건너고 있었다오. 그런데 스님이 다리를 다 건너고 조금 더 있다가 보니, 다시 당신이 말을 타고 가는 것이 아니겠소? 당신은 분명히 부처님이 도와주는 사람인 것 같소. 이제 내가 과거의 일을 다 풀어 버릴 것이니, 당신도 마음을 놓으시오."

"고맙소이다. 앞으로 잘 지냅시다."

두 사람은 깨끗이 화해하였습니다.

그 뒤 건갈은 지장보살의 가피로 홍수 때문에 잃게 될 뻔한 목숨을 또 한 번 구하였고, 나이 78세 때 단정히 앉아 합장하고 염불하면서 숨을 거두었는데, 그의 상투에서 유난히 밝은 광명이 퍼져 나와 온몸을 감쌌다고 합니다.

수명 연장과 많은 영가를 천도한 지장기도

1700년대 초반, 21세의 요시꼬〔吉子〕는 일본 다까다〔高田〕에 사는 스즈끼〔鈴木〕라는 남자와 결혼을 하였습니다. 그런데 신방을 치르고 나서야 남편 집안의 젊은 며느리들이 나이 서른에 모두 죽었다는 이야기를 듣게 되었습니다. 더욱이 그와 같은 일이 무려 2백 년 동안이나 계속 되었다는 것입니다.

'나이 서른이 되면 무조건 죽게 된다니….'

크게 상심한 그녀는 친정으로 가서 어머니께 이야기 하였습니다. 그러자 친정어머니는 잠깐 생각하더니 단호하게 말했습니다.

"네가 서른 살에 죽고 싶거든 10년 조금 못 되는 기간이나마 마음껏 즐기면서 편안하게 살고, 서른 살을

넘기고 싶거든 오늘부터 지장보살님께 매달리고 '지장
보살'을 불러라. 어떻게 하겠느냐?"

"지장보살님을 부르겠습니다."

"집안 식구들이 방해를 하더라도 상관하지 말고 '지
장보살'을 불러라. 죽는 것은 너다."

그날부터 요시꼬는 쉬임없이 지장보살을 불렀습니다.
부엌에서 일할 때에도 빨래를 할 때도 잠자리 속에서도
화장실에서도 지장보살을 불렀습니다. 이 염불소리에
처음으로 역정을 내기 시작한 것은 시아버지의 두 번째
부인이었습니다.

처음에는 이해를 해주시던 시아버지였는데, 얼마 지
나지 않자 둘째 부인과 하나가 되어 방해하기 시작했
고, 시부모가 함께 반대를 하자 마침내는 남편까지 염
불을 하지 못하게 하였습니다. 어느 날 남편은 버럭 소
리를 질렀습니다.

"지장보살 부르는 소리도 듣기 싫고 꼴도 보기 싫으
니 친정으로 가버려!"

요시꼬가 울면서 친정집으로 가자, 이번에는 친정어
머니가 꾸짖었습니다.

"죽는 것은 너다. 남편이 대신 죽어 준다더냐, 시부모
가 대신 죽어 준다더냐? 서른 살 죽을 고비를 넘기고

70

싶거든 무조건 지장보살을 불러야 한다. 어떤 방해에도 꺾여서는 안 된다."

시집으로 다시 돌아온 요시꼬는 가족들의 갖은 구박 속에서도 지장보살 부르기를 멈추지 않았습니다. 마침내 서른 살이 되던 해 봄, 요시꼬의 꿈에 사람인지 귀신인지 분간이 되지 않는 여인이 나타나서 말했습니다.

"2백 년 전, 이 집안의 남자들에게 깊은 원한을 품고 죽은 나는 이 집안 며느리들의 나이가 서른이 되면 모두 죽여 버릴 것을 다짐했다. 그 결과는 너도 알고 있을 것이다.

그런데 네가 밤낮없이 지장보살을 열심히 부르니, 그 염불소리에 내 원한이 녹아 차마 죽이지를 못하겠구나. 나도 이제 이 원한의 몸을 벗고 싶다. 그러나 나의 죄업이 너무 깊어 이 귀신의 몸을 나의 힘으로는 벗을 수가 없구나.

너에게 부탁하노니, 지장보살상을 나무판에 새겨 10만 장을 찍어라. 그리고 백중날 음식을 만들어 배에 싣고 스미다가와〔隅田川〕를 오르내리며 음식과 지장보살상을 강물에 넣어주도록 해라. 그렇게만 하면 그 공덕으로 나는 모든 업을 면하여 좋은 나라에 태어날 수 있게 된다.

하지만 그렇게 해주지 않는다면 이 집안 며느리들이 계속 서른만 되면 죽게 될 것이다. 이 집안이 잘 되고 못 되고는 너에게 달렸으니 꼭 명심하기 바란다."

백중까지 남은 날은 백일도 채 되지 않았지만, 요시 꼬는 지장보살상을 판에 새겨 밤잠을 줄여가며 10만 장을 찍었고, 가족들의 도움을 받아 많은 음식을 장만 하였습니다.

마침내 백중날이 되었을 때 그들 부부는 꿈 속에 나타난 영가의 부탁대로 강을 오르내리며 지장보살상 판화와 음식을 던져주었으며, 그날 밤 부부는 똑같은 꿈을 꾸었습니다.

스미다가와 강 위에 공중에 광명을 발하는 구척 장신의 노스님이 우뚝 서서 손에 든 줄을 강물 위로 흔들자, 물 속의 귀신들이 그 줄을 잡고 따라 올라오는 것이었습니다. 목이 잘린 귀신, 팔다리가 떨어진 귀신, 아기를 안은 어머니 귀신, 처녀 귀신, 총각 귀신 등 그 수를 헤아릴 수가 없었습니다.

그 일이 있은 뒤 그 집안의 며느리들이 서른에 죽는 일이 없어졌고, 요시꼬는 아흔 살까지 장수하였습니다. 또 슬하에 십여 명의 자녀를 두었는데, 모두가 출세하여 부귀영화를 누렸습니다. 그들 부부는 보은의 뜻으로 집을 절로 바꾸어 지장사地藏寺라 하였습니다.

지금도 지장사에는 그 때의 지장보살을 새긴 판이 보관되어 있으며, 매일같이 많은 신도들이 영험 있는 이 절을 찾고 있습니다.

§

이 이야기는 참으로 흔하지 않은 영험담입니다. 그런데 이들 이야기를 들려주면 덜컥 겁부터 내는 불자들이 있습니다.

"어휴, 10년을 어떻게 기도를 해."

그렇습니다. 요시꼬처럼 자신의 목숨과 관련이 있을지라도 10년 기도는 어려울 것입니다. 하지만 요시꼬는 아주 특별한 경우에 처한 사람이었습니다. 매우 깊은 원한을 품은 귀신의 저주를 풀어야 했기 때문에, 열심히 하지 않을 수 없었을 것입니다.

그리고 스스로의 목숨을 살리고자 시작한 지장염불이었지만, 10년 동안 쌓은 그 공덕으로 인해 2백 년의 원결도 녹였고, 스미다가와 강물 속의 무수한 영가들까지 천도를 시킬 수가 있었습니다.

아울러 그녀의 후손들은 완전히 불행에서 벗어나 부귀영화를 누렸으니….

이토록 거룩한 힘을 지닌 것이 기도입니다.

제 3 장

난치 불치의 병을 기도로

말기 암을 고친 덕운성보살

몇 년전 90세의 나이로 돌아가신 덕운성보살은 50대 중반 무렵 자궁암에 걸렸습니다. 부잣집 외동 아들로 태어난 남편은 평생을 돈 쓰는 재미로 살면서, 물려받은 재산은 물론 처갓집 재산까지 모두 탕진하고 죽었으므로, 덕운성 보살은 날품팔이를 하며 혼자 1남 2녀를 키웠습니다.

"말기 자궁암입니다. 앞으로 3개월 정도는 살 수 있으니 주변을 정리하시지요."

대구 동산병원의 의사로부터 이 말을 들은 것은, 그녀의 두 딸이 결혼을 하고 아들이 중앙대학교 전자공학과 2학년에 재학하고 있을 때였습니다.

지금은 자궁암을 심각하게 생각하지 않지만, 그때만

하여도 말기 자궁암이 반드시 죽는 병에 속하였기 때문에, 덕운성 보살에게는 의사의 말이 그야말로 날벼락이었습니다. 서울로 시집을 간 큰 딸에게 울면서 사실을 알리자, 큰 딸은 포기할 수 없다며 세브란스 병원으로 모셔가 다시 진찰을 하게 했습니다.

"3개월은 너무 성급한 진단입니다. 그러나 6개월 이상은 보장하기 힘듭니다."

그녀는 의사를 붙들고 울면서 사정하였습니다.

"선생님, 저를 2년만 더 살게 해주십시오. 제 아들이 대학 2학년이니, 졸업할 때까지만 살게 해주십시오."

의사는 고개를 저었습니다. 답답한 마음을 안고 단칸 셋방이 있는 김천으로 내려왔을 때, 그녀는 매달릴 데가 없었습니다. 오직 하나, 관세음보살님 뿐이었습니다.

기도비가 없었던 그녀는 집에서 백일기도를 시작했습니다. 아침 저녁은 물론이요 틈만 나면 '관세음보살'을 불렀습니다. 그리고 백일기도 마지막 날 새벽에 꿈을 꾸었습니다.

그녀는 김천 청암사 극락암에 모셔진 42수관음상(지금은 도난당하였음)앞에서 끝도 없이 절을 하고 있었습니다. 그때 백발의 노스님 한 분이 불단 앞에 나타나 약

세 봉지를 주셨습니다. 엉겁결에 무릎으로 기어가 약봉지를 받았으나, 어떻게 해야 할지 몰라 쩔쩔 매고 있었습니다.

"먹어라."

"물이 없습니다."

그러자 노스님은 부처님 앞에 놓인 다기물을 손바닥에 부어주셨고, 그 물로 한 봉지를 먹고 나자 또 물을 부어주며 말했습니다.

"또 먹어라."

"마저 먹어라."

세 봉지째 약을 먹었을 때는 어떻게나 거슬리든지, 그녀는 자신도 모르게 몸서리를 치다가 꿈에서 깨어났습니다. 꿈을 깨고 나서도 그 약 냄새는 그녀의 몸과 집 안에 진동을 하고 있었습니다.

이렇게 관세음보살의 가피를 입은 그녀는 말기 자궁암이 완전히 나아 아들의 대학 졸업을 지켜보았을 뿐 아니라, 30여 년을 더 살다가 세상을 하직하였습니다.

⚗

사람의 몸을 받은 인생. 인생은 참으로 소중한 것입니다. 육도윤회의 삶 중 사람의 몸을 받았을 때가 가장 도를 닦기 좋고 향상向上하기 좋은 시절이라고 합니다.

하지만 인생이 어떻습니까? 먹구름투성이입니다. 병투성이요 시련투성이요 고난투성이입니다. 때로는 벼락이 내리치고 소나기나 우박이 우리의 마음 밭을 망쳐놓습니다. 그때가 되면 참으로 살기 싫은 인생이 되어버립니다.

그러나 좌절하지 마십시오. 우리의 곁에는 대자대비하신 불보살님이 계십니다. 불보살님이 우리와 함께 합니다. 우리가 좌절에서 벗어나 불보살님을 찾고 불보살님과 함께 할 때 우리의 향상은 다시 시작됩니다. 시련과 고난이 행복과 평화로 바뀌기 시작합니다.

어찌 중생인 우리가 불보살님을 찾는 기도를 하지 않을 것입니까? 특히 병은 잘 살아야 한다는 경고이니 마음을 모으십시오. 마음을 모아 불보살님을 생각하며 기도하십시오.

그 기도가 크나큰 힘이 되어 병고病苦와 모든 재난을 물리치고 대평화와 대행복을 안겨줍니다.

계모의 병을 고친 비구니의 칠일기도

나에게 1년에 한두 차례씩 꼭 찾아오는 어느 비구니 스님의 이야기입니다. 이 비구니는 17세에 김일엽 스님의 『청춘을 불사르고』를 읽고 환희심을 일으켰습니다.

'나도 일엽스님과 같은 길을 가겠다. 출가하여 대해탈을 누리리라.'

그러나 20세가 되자 아버지와 계모가 맞선을 보아 결혼할 것을 재촉했습니다. 한 번도 아버지의 말씀을 거스르거나 말대꾸를 하지 않고 산 그녀였지만, 이미 뚜렷한 결심이 있었기에 이 말씀만은 따를 수가 없었습니다.

"아버지, 저는 비구니가 되고 싶습니다. 17세에 한 이 결심은 한 번도 흔들린 적이 없었습니다. 저를 절로 보내주세요."

아버지의 허락 없이 승려가 된다는 것은 생각도 해 보지 않았던 그녀였기에, 어떻게 하든지 아버지를 설득 시키고자 했습니다. 그러나 아버지는 막무가내였고 부녀 간의 골은 더욱 깊어 갔습니다.

'아버지 말대로 결혼 흉내라도 내자. 그래야 아버지 곁을 벗어날 수 있다.'

이렇게 생각한 그녀는 어느 날 아버지에게 여쭈었습니다.

"아버지, 딸은 출가외인이지요?"

"맞다, 출가외인이다."

"내가 시집 가면 아버지가 내 일에 간섭 안 하지요?"

"그래, 안 한다."

"그렇다면 시집 가겠습니다."

마침내 그녀는 결혼을 하였고, 3개월 만에 집을 뛰쳐 나와 출가를 하였습니다. 그리고 일체 연락을 하지 않다가 7년 만에 아버지를 찾아갔습니다. 아버지는 화병으로 누워 계셨고, 아버지를 간병해야 할 계모는 무슨 병 때문인지 자꾸 하혈을 하여 곧 죽을 것만 같은 형국이었습니다.

연세대학교 세브란스 병원에 데리고 갔더니 병명은

말하지 않고, '이상하다'며 7일 뒤에 수술을 해보자고 하였습니다. 이에 비구니스님은 가족들에게 당부했습니다.

"제가 가서 7일 기도를 하고 오겠습니다. 그때까지는 절대로 수술을 하지 말고 기다리십시오."

그리고는 법당이 보물로 지정되어 있는 어느 절을 찾아갔는데, 법당 안에는 빨간 좌복 위에 앉아 계신 두 부처님이 모셔져 있었습니다.

비구니 스님은 밤낮 없이 목탁을 치며 지독하게 정근을 했습니다. 피곤도 잊고 잠자는 것도 잊고 열심히 기도 했습니다. 그렇게 기도를 하여 마지막 날 새벽 2시경이 되었을 때, 스님이 잠깐 목탁채를 놓고 화장실에 갔다가 돌아와보니, 부처님 밑에 놓여 있던 빨간색 좌복이 뽀얗게 변해 있는 것이었습니다.

'이상하다? 저 붉은색 좌복이 어찌 희게 보일까?'

가까이 다가가 만져 보았더니 이미 타 버린 좌복은 소로록 내려앉았고, 부처님도 화끈거려 손을 댈 수 없을 지경이었습니다. 황급히 그 절에서 고시공부를 하고 있던 두 청년을 깨워 불상을 옮겼는데, 놀랍게도 타들어가던 불탁자도 손상됨이 없었고 불상의 개금도 변질된 곳이 조금도 없었습니다.

날이 밝자 스님은 회향을 한 다음 계모를 찾아갔고, 언제 그랬느냐는 듯이 계모의 병은 기적처럼 나아 있었습니다. 그 뒤 계모는 아버지가 돌아가실 때까지 시중을 들었고, 지금도 스님이 있는 토굴을 1년에 한두 차례씩 다녀간다고 합니다.

❧

알 수 없는 계모의 병, 그리고 스님의 기도와 완치! 붉은 좌복이 뿌옇게 타 버린 것과 걷잡을 수 없었던 하혈이 멈춘 것이 어떠한 연관이 있는지는 뚜렷이 알 수 없으나, 이것이 기도의 힘이요 기도의 기적입니다.

우리 또한 마찬가지입니다. 우리가 거짓이든 꾸밈이든 억지로든 관세음보살을 부르거나 지장보살을 부르거나 다라니를 외우기를 온 힘을 다해 몰아붙이면, 비록 욕심이라 할지라도 그 소망이 이루어지는 영험이나 기적을 체험하게 된다는 것을.

문둥병을 고친 소년 영기

1831년(순조 31) 추운 겨울날, 강원도 철원군에 있는 보개산 석대암石臺庵에는 뜻하지 않은 손님이 찾아왔습니다. 한 떼거리의 문둥이들이 떠돌아다니다가 구걸하기 위해 찾아온 것입니다. 그 무리 속에는 벌벌 떨고 있는 10세가량의 소년이 끼어 있었는데, 주지스님은 그 소년이 무척 불쌍하게 느껴졌습니다.

따뜻한 밥을 지어 그들을 대접한 주지스님은 문둥이 왕초에게 말했습니다.

"몹시 떨고 있는 저 아이는 큰병이 든 듯하구려. 웬만하면 여기 두고 가시오. 이 겨울 한철은 내가 돌보아줄 테니…"

"아이구, 스님 감사합니다. 그냥 데리고 다녀도 힘든

데 병까지 들어 걱정을 하고 있던 참이었습니다."

문둥이 일행이 떠난 뒤 스님은 소년에게 물었습니다.

"고향은 어디냐?"

"전라도 고부입니다."

"이름은?"

"성은 정鄭 가고, 이름은 영기永奇입니다."

"부모님은?"

"일찍 돌아가셔서 시집간 누님 집에 살았는데, 몹쓸 병에 걸려 쫓겨났습니다."

"너의 병을 틀림없이 고칠 수 있는 방법이 있는데 한 번 해보겠느냐?"

"하고 말고요. 문둥병만 나을 수 있다면 불구덩이 속에라도 뛰어들겠습니다."

"너의 결심이 그러하다면 좋다. 내가 시키는 대로 해보아라."

주지스님은 영기에게 방을 하나 내주시고는, '지장보살'을 부르면서 속으로 '병이 낫도록 해주십사' 기원을 하도록 가르쳤습니다.

영기는 밤낮을 가리지 않고 지장보살을 불렀습니다. 밥 먹고 잠자는 시간 외에는 지장보살께 매달려 문둥병 완쾌를 빌었습니다. 이렇게 기도하기를 50여 일, 꿈

86

에 노스님 한 분이 나타나 머리를 쓰다듬으며 말씀하셨습니다.

"불쌍한 것. 전생 죄업 때문에 피고름을 흘리는 고통을 받다니… 네가 나를 그토록 간절히 찾으니 어찌 무심할 수 있겠느냐?"

노스님은 부드러운 손으로 고름이 줄줄 흐르는 영기의 더러운 몸을 차례로 어루만지기 시작했습니다. 눈·귀·코·입, 가슴·등·배, 팔·다리·어깨 등을 차례로 주무르자, 피부가 보통 사람들과 같이 바뀌면서 몸이 날아갈 듯이 가벼워지는 것이었습니다.

"이제 너의 병이 모두 나았으니 스님이 되도록 하여라. 틀림없이 고승이 될 것이다. 잘 명심하여라. 나는 이만 물러간다."

순간, 영기는 꿈에서 깨어났습니다. 그런데 참으로 기적이 일어나 있었습니다. 꿈에서와 같이 문둥병이 씻은 듯이 나아 있었습니다. 온몸에 가득했던 곪아 터진 부스럼은 간곳이 없었고, 며칠이 지나자 빠졌던 눈썹도 새까맣게 다시 나는 것이었습니다.

§

이렇게 기도를 통하여 지장보살의 가피를 입은 영기. 영기는 자진하여 머리를 깎고 승려가 되었으며, 은혜를 갚는다는 마음으로 열심히 불법을 닦고 계율을 철저히 지켰습니다.

이분이 바로 '동방의 율사'로 이름 높은 남호南湖 스님으로, 1872년(고종 9)의 입적 전까지 수많은 경전 간행과 사찰 중건 등을 하였으며, 법문·수계 등을 통한 교화활동에 주력하면서 일생을 보냈습니다.

독성기도로 꼽추가 허리를 펴다

충남 공주에서 미곡상을 하는 임선달林先達에게는 어릴 때 척추병을 앓아 안팎곱사등이 된 수동壽童이라는 아들이 있었습니다. 임씨 부부는 이러한 아들을 위하여 좋다는 약은 다 써 보았으나 효과가 없었습니다.

어느 날 외척뻘 되는 지월指月스님이 공주에 왔다가 수동이에게 청했습니다.

"수동아, 지성으로 기도를 해 보지 않겠느냐?"

"안팎곱사등에 난쟁이를 면하지 못하고 있으니, 이러한 병신이 되어 살아간들 무슨 즐거움이 있겠습니까? 병이 낫는다면 무슨 일이라도 해 보겠습니다."

눈물을 흘리며 말하는 수동이가 너무나 딱하여 지월스님은 30일 동안의 기도를 해주기로 하고, 수동이를 데리고 서울 화계사 뒤에 있는 삼성암三聖庵으로 올라가서 독성기도獨聖祈禱를 시작했습니다.

기도법사가 된 지월스님은 수동이에게 '간절한 마음으로 나반존자만 부르면서 힘 닿는 대로 절을 해라'고 하였습니다.

삼성암은 독성기도처로서 유명하여 기도손님이 끊이지를 않는 곳이었는데, 그들은 불구자를 데려와 기도하는 지월스님을 보고 비웃었습니다.

"이만저만한 병도 아니고 20년이나 된 곱삿병을 고쳐 달라고 하니 될 말입니까?"

그러나 지월스님은 굳건히 30일 동안 부서져라 목탁을 치며 '나반존자'를 불렀고, 수동이도 업장을 참회하며 열심히 기도했습니다.

기도 회향일이 되었을 때, 수동이는 '나반존자'를 부르며 절을 하다가 깜빡 엎드려 졸았는데, 비몽사몽간에 동자스님이 나타나 따라오라고 했습니다. 마냥 따라갔더니 기암괴석이 널려 있고 이름 모를 화초가 만발한 곳에 백발노승이 앉아 있었습니다.

"너의 몸이 그렇게 불편하니 가엾기 짝이 없구나."

노승은 장삼소매 속에서 금침과 은침을 꺼내더니, 금침으로는 수동의 앞가슴을 찌르고 은침으로는 튀어나

90

온 등뼈를 찔렀습니다. 그리고 말했습니다.

"앞으로 1개월만 지나면 완쾌될 것이다. 이제 집으로 돌아가거라."

"노스님! 감사합니다. 이 은혜를 무엇으로 갚으오리까?"

수동은 고마움과 환희로움 속에서 절을 하고 나오다가 꿈에서 깨어났습니다.

이 몽사가 있은 뒤, 수동은 삼성암에 1개월 더 있었는데 하루하루가 눈에 띌 정도로 몸이 자유로워졌고, 1개월 뒤에는 외과병원에서 수술을 받은 것 이상으로 정형이 되었습니다. 곱사등이 펴져서 키도 늘씬하게 커지고 뚱뚱하게 부은 것 같던 앞가슴도 홀쭉하게 들어가, 언제 꼽추였던가 싶게 성한 사람이 되었습니다.

지월스님을 조롱했던 사람들도 감탄을 했습니다.

"참으로 성현의 영험이요 기적입니다. 가슴앓이나 내과의 병이라면 가능하겠지만, 안팎곱사가 펴져서 낫다니! 참으로 고금에 없는 기적입니다."

병이 나은 수동은 곧바로 결혼을 하여 행복하게 잘 살았고, 삼성암은 독성기도처로 더욱 유명해졌습니다.

금강경 사구게를 외워 불치병을

중국 명나라 때 강백달이라는 소년이 있었습니다. 소년은 15세에 문둥병에 걸렸고, 병이 차츰 심하여져서 진물이 흐르는 악취를 풍기자 부모·형제까지 기피했습니다. 가족들은 의논 끝에 동네에서 떨어진 깊은 산중에 움막을 지어 강백달을 버렸습니다.

모두가 싫어하는 문둥병에다 가족까지 자기를 버렸으니 집으로 돌아가고 싶어도 돌아갈 수가 없었습니다. 16세의 강백달이 죽기만을 기다리며 근근히 목숨을 이어가던 어느 날, 지나가던 스님이 혀를 차며 말했습니다.

"한창 혈기 왕성할 나이인데 무슨 업으로 모진 병을 얻어 고생을 하는고? 그래, 너는 살고 싶으냐?"

"예, 살고 싶습니다."

"살고 싶으면 병이 나아야 하는데…. 내가 시키는 대로만 하면 병이 낫고 다시 살 수 있을 텐데…."

"스님, 그 방법이 무엇입니까?"

"꼭 내가 시키는 대로 할 수 있겠느냐?"

"병이 나아 살 수만 있다면 무엇이든 하겠습니다."

스님은 강백달에게 금강경 사구게四句偈를 적어 주었습니다.

무릇 있는 바 상相은

다 헛되고 망령된 것이다

만약 모든 상이 상 아님을 보면

곧바로 부처님을 보게 되느니라

凡所有相　皆是虛妄　범소유상 개시허망

若見諸相非相　卽見如來　약견제상비상 즉견여래

"이 구절을 잊지 말고 부지런히 외우면 틀림없이 병이 나으리라."

"이것만 외우면 됩니까? 이렇게 쉽습니까?"

"그래, 하지만 정성껏 마음을 모아야 하느니라."

강백달은 사구게를 병을 낫게 해주는 주문으로 생각

하고 부지런히 외웠습니다. 밤이 되면 깊은 산중에 혼자 있는 두려움 때문에 더 열심히 외웠습니다. 그런데 어느 날 밤, '휙—'하는 소리가 나더니 아주 큰 호랑이가 정면으로 와서 마주 앉는 것이었습니다. 눈에서 파란 불을 내뿜으며….

'아이쿠, 이제 죽었구나.'

도망칠 수도 피할 수도 없게 된 강백달은 눈을 꼭 감고 '범소유상 개시허망…'만 죽어라고 외웠습니다. 그리고 호랑이가 다가와 몸을 혓바닥으로 핥는 것을 느끼는 순간 삼매에 들었습니다.

얼마 뒤 눈을 떴을 때 호랑이는 간데 없었고, 문둥병은 완전히 나아 있었습니다. 너무나 좋아 집으로 달려가자, 부모님과 형제들은 기겁을 했습니다.

"저것이 가족을 원망하고 저주하다가 죽어, 귀신이 되어서 원한을 갚기 위해 왔구나."

강백달이 자초지종을 이야기해주자 가족이 모두 참회를 하였고, 이 사실이 동네에 전해지자 온 동네 사람들이 금강경 사구게를 외워 재앙을 없애었다고 합니다.

§

강백달은 금강경 전체를 독송하지 않았습니다. 사구게 하나만을 확고히 믿고 외웠습니다. 마침내 호랑이가 나타나자 '이렇게 죽으나 저렇게 죽으나 죽는 것은 마찬가지! 열심히 외우다가 죽자'는 마음가짐으로 죽을 힘을 다해 외우다가 삼매에 빠져들었고, 깨어났을 때에는 문둥병이 완전히 나아 있었습니다.

이렇듯 사구게만이라도 지극한 정성으로 외우면 뜻밖의 영험과 공덕이 생겨나게 됩니다. 하물며 정성을 다해 금강경 전체를 독송하거나 사경을 한다면, 어찌 그 공덕이 크지 않을 수 있겠습니까?

입안의 악성 병을 낫게 한 가피력

서울 미아리에 살았던 40대 보살의 이야기입니다.

그녀는 전생에 닦은 복이 많아서인지 어려서부터 유복하게 자랐고, 돈도 잘 벌고 가정도 잘 돌보는 남편을 만났으며, 아이들도 착실하고 공부를 잘하여 근심없이 살았습니다.

그런데 어느 날 갑자기 입안이 허는 병이 생겼습니다. 한두 군데가 아니고 온 입안이 헐어서 음식은커녕 물조차 먹기 힘든 지경에 이르렀습니다. 병원에서 치료를 받아도 차도가 없고, 한의원을 찾아가니 "입안이 허는 병은 위장에서 온다"고 하며 위장약을 지어주었으나 역시 효험이 없었습니다.

설상가상이라더니, 마침내는 혀를 움직일 때마다 입

안이 아파 말조차 제대로 할 수 없게 되고 말았습니다.

그녀는 날이 갈수록 여위어만 갔고, 말조차 제대로 할 수 없다 보니 신경만 날카로워졌습니다. 남편의 자상한 보살핌, 아이들의 재롱도 귀찮게 느껴질 뿐 아니라, 죽음의 그림자가 그녀를 덮고 있는 것 같아 견딜 수가 없었습니다.

마침내 그녀는 집 가까이에 있는 절을 찾아갔습니다. 부처님께 절을 하면서 살려 달라고 매달리고 싶었으나, 엎드리면 이빨이 다 쏟아지는 것 같아 절도 할 수 없었습니다. 입안이 퉁퉁 붓고 헐어 부처님 명호를 부를 수도 없었습니다.

하는 수 없이 그녀는 가만히 앉아 부처님을 우러러보면서 속으로 빌었습니다.

"대자대비하신 부처님! 제 입병 좀 낫게 해주십시오."

온종일 부처님만 바라보면서 한마음으로 빌다가 집으로 돌아왔습니다. 그렇게 하기를 며칠, 그녀는 꿈을 꾸었습니다.

그녀가 열심히 부처님을 바라보며 기도하고 있는데, 부처님께서 갑자기 자리에서 일어나 불단을 내려오시는 것이었습니다. 그리고는 다기茶器에 담겨 있던 물을 찻잔에 가득 따라 주셨습니다. 엉겁결에 그것을 받아 마시려는데 부처님께서 주의를 주셨습니다.

"그냥 삼키지 말고 입안에서 우물우물하다 넘겨라."

그녀는 시키는 대로 하고 꿈에서 깨어났는데, 거짓말처럼 입병이 말끔히 완치되었습니다. 매운 음식, 짠 음식, 그 어떠한 것을 먹어도 입안이 아프지 않았습니다.

'세상에 어찌 이토록 신기한 일이 있단 말인가?'

그녀는 감격하여 불교신문에 이 사실을 투고했습니다. 글솜씨는 서툴지만 불자들에게 부처님의 불가사의한 가피력을 알리고자 투고하였던 것입니다.

ৡ

다급한 일을 당한 불자라면 불보살의 가피를 입을 때까지 일심으로 기도할 줄 알아야 합니다. 꼭 소리를 내어 염불을 해야만 기도가 되는 것이 아닙니다.

'생각 념念'자 염불念佛. 굳이 입으로 소리를 내어 부르지 않더라도 마음속으로 부처님을 열심히 생각하면 그것이 참된 염불이요, 생각하고 매달리는 마음이 간절하면 부처님과 하나가 되어 저절로 가피를 입게 된다는 것을 꼭 기억하시기 바랍니다.

다리의 장애가 사라진 화엄스님

김해 동림사東林寺에 주석하시던 화엄華嚴(1925~2004) 스님은 특별한 출가 인연이 있는 분입니다.

1925년생인 화엄스님은 1944년, 일본 오사카에서 의과대학인 오사카의전에 다니다가 학도병으로 차출되어 남양군도로 끌려갔습니다.

그곳에서 미군들과 전투를 치르던 어느 날, 갑자기 공중에서 포탄이 떨어져 수십 개의 파편이 다리 속으로 박히는 심한 부상을 입었습니다. 그는 곧바로 병원으로 실려 갔고, 파편 제거수술을 받아 겉으로 보기에는 조금도 이상한 곳이 없었습니다.

그런데 다리가 항상 저리고 아파서 올바로 걸을 수 없었기 때문에 절뚝절뚝 절게 되었습니다. 이 부상 때문에 제대를 하여 고향으로 돌아오기는 했지만, 영영 불구자가 되고 만 것입니다. 또 엎친 데 덮친다고, 때마침 그와 사귀던 여인마저 기숙사에 불이 나서 타 죽고 말았습니다.

몸도 좋지 않은 데다 마음의 상처까지 받은 그는 수양을 하기 위해 범어사 미륵암으로 들어갔고, 그곳 스님들은 그에게 '천수대비주를 외우면 다리가 나을 수 있을 것'이라며 외울 것을 권하였습니다.

처음 심심풀이 삼아 신묘장구대다라니를 읽던 그는 차츰 관세음보살에 대한 믿음이 깊어졌고, 나중에는 일구월심으로 신묘장구대다라니를 외웠습니다. 그런데 6개월이 되자 천문과 지리에 대해 저절로 알게 되고, 8개월이 되자 수천 리 밖이 보이는 것이었습니다.

하지만 그와 같은 능력에 끌려가지 않고 다라니를 계속 외웠더니, 어느 날 비몽사몽간에 법당의 신중탱화 속에서 신중 한 분이 튀어나오더니 대뜸 욕부터 하는 것이었습니다.

"에잇, 지지리도 쓸모없는 놈! 의사란 놈이 다리를 절뚝절뚝 절고 다녀? 이리 와!"

강압적으로 팔을 잡아당긴 신장은 넓적하게 생긴 칼로 파편이 박힌 다리를 도려내는 것이었습니다.

"아이구 아야! "

너무나 아파 고함을 지르며 깨어났고, 깨고 보니 꿈인데 법당 바닥에 살 속 깊이 박혀 있었던 파편이 떨어져 있었습니다. 법당 안을 한 바퀴 돌아보았더니, 그토록 아프고 저렸던 다리가 멀쩡하게 나아 있었습니다. 그리고 그전의 신비한 경계를 체험할 때까지는 느끼지 못하였던 다른 무엇이 가슴을 확 내리쳤습니다.

'신묘장구대다라니를 외웠는데 내 다리가 낫다니! 의학을 전공한 나의 상식으로는 도저히 믿어지지 않는 일이다. 인간의 의술이란 대의왕大醫王이신 불보살의 능력에 비한다면 태양 앞의 반딧불과 같은 것! 반딧불 같은 기술을 지닌 의사가 되어 무엇하랴. 정녕 출가하여 부처님의 제자가 됨이 옳으리라.'

이렇게 생각한 그는 범어사 동산東山스님의 제자가 되어 '화엄'이라는 법명을 받았고, 20여 년 동안 전국의 선방에서 수행하였습니다. 그리고 범어사 주지·김해 동림사 조실로 있으면서 많은 불자들을 교화하다가, 2004년 11월 10일 81세로 입적하셨습니다.

ॐ

화엄스님의 영험담처럼 신묘장구대다라니의 가피력은 참으로 대단합니다. 불구의 다리를 치유함은 물론

이요, 어떠한 병이라도 능히 고칠 수 있습니다. 그러므로 지극한 마음으로 기도를 하십시오. 제대로만 하면 반드시 감응이 있기 마련입니다. 실로 기도 영험담 중에서 가장 많은 것은 병을 고친 이야기입니다.

그런데 누가 그 가피의 열쇠를 쥐고 있는가? 바로 우리가 쥐고 있습니다. 바로 우리가 어떻게 하느냐에 달려 있습니다.

부디 마음을 모아 기도를 하십시오. 틀림없이 불보살이나 호법신장의 자비가 우리와 함께 하게 됩니다.

기도 득력으로 병 치료를 한 할머니

주변을 살펴보면, 기도를 통하여 병을 치료하였다는 영험담과 함께, 병을 낫게 하는 치유 능력을 갖추는 경우도 종종 볼 수 있습니다. 그 예를 하나 들겠습니다.

약 30년 전, 부산에 일흔을 넘기신 할머니 한 분이 있었습니다. 그 연배의 사람들 중에는 어린 시절에 글을 배우지 못한 분들이 많았는데, 그 할머니도 글을 쓰거나 읽지 못했습니다.

할머니는 오십 줄에 접어들면서 누구에게 권유를 받았는지 '관세음보살' 염불을 시작했습니다. 몇 년을 '관세음보살'만 열심히 불렀는데, 어느 날부터 주위에 아픈 사람이 있으면 그냥 지나치지를 않았습니다.

"참 안 됐구나. 얼마나 아프겠느냐?"

그리고는 관세음보살을 부르며 아픈 몸을 약 5분 안
팎으로 쓰다듬어 주시는데, 신통하게도 통증이 사라진
다는 것이었습니다. 배 아프고 머리 아프고 속이 답답
한 병에만 영험이 있는 것이 아니었습니다.

그 당시에는 어른과 아이 할 것 없이 자전거를 많이
이용하였는데, 자전거를 타다가 다쳐 다리가 골절되고
피를 흘릴 경우에도, 할머니가 잠시 만져주면 거뜬히
일어나 돌아가는 것이었습니다. 누구든지 그 할머니가
부르는 '관세음보살' 소리와 자비로운 손길을 경험하
면 쾌차하였습니다.

§

이 부산의 할머니처럼 믿어지지 않는 일을 행하는 분
들을 우리는 가끔씩 보게 됩니다. 이럴 때 우리는 '기
적'이라 하고, '신통력'이라 합니다. 하지만 이것은 기적
이 아닙니다. 꾸준히 공부한 힘이 만들어낸 현실입니다.
바꾸어 말하면 꾸준히 공부를 함으로써 기적 같은 일
을 현실로 만들 수 있다는 것입니다.

우리들 각자는 이 세상에 올 때 대우주 전체의 기운
을 가지고 태어났습니다. '나'와 대우주는 본래 하나이
므로 대우주의 기운을 가지고 있는 것입니다.

그러나 번뇌망상과 미혹으로 그 기운을 쓰지 않고

살기 때문에 없는 것처럼 느낍니다. 그러다가 염불·주력·참회 등의 기도를 꾸준히 하다 보면 다시 그 힘을 되찾기 시작합니다. 그리고 되찾는 만큼의 능력을 발휘하는 것입니다.

부디 기도하는 삶을 잃지 마시기 바랍니다.

제 4 장

영가 천도

시누 3인의 영가를 천도한 보리심보살

나를 즐겨 찾아왔던 신도 중 지혜로운 불교인이요 지혜로운 어머니의 본보기가 되었던 보리심菩提心보살이 있었습니다. 그녀는 맏아들과 두 딸과 막내아들을 두었는데, 그중 막내아들은 자주 가출을 했습니다.

초등학교 3학년 때 일주일 동안 가출하고부터 거의 3개월마다 한 번씩 주기적으로 집을 나가 열흘씩 보름씩 있다가 돌아오는 것이었습니다. 부모님께 꾸중을 들어 나가는 것도 아니요, 형이나 누나와 사이가 나빠 나가는 것도 아니었으며, 선생님이나 친구와 무슨 일이 있어서 나가는 것도 아니었습니다. 그냥 혼자 나가 한동안 있다가 돌아왔습니다.

그리고 집을 나가 나쁜 짓을 하지도 않았고 나쁜 곳

으로 빠져들지도 않았습니다. 여기저기서 남의 일을 도
와주고 잔심부름을 하면서 한 끼 밥이나 라면 한 그릇
을 얻어먹으며 떠돌다가 집으로 돌아오는 것이었습니
다. 결코 문제를 일으키지 않았기 때문에 경찰서에서
연락이 오는 일도 없었습니다.

그런데 묘한 것은 그 가출의 원인을 찾을 수 없다는
것이었습니다. 엄마인 보리심보살이 여러 측면으로 물
어 보아도 대답은 오직 하나였습니다.

"저도 잘 모르겠어요. 그냥 무엇엔가 이끌려서 나가
게 돼요."

막내아들의 가출은 중학교 때도 고등학교 때에도 계
속되었고, 어머니가 학교로 찾아가 사정사정함으로써
겨우겨우 졸업장은 얻을 수 있었습니다.

이러한 속에서 어느덧 보리심보살은 큰 아들과 두 딸
을 결혼시켰고, 자식 둘씩을 낳게 되었습니다.

그러던 어느 날, 아직 젖도 떼지 않은 둘째딸의 아기
가 설사를 시작하더니 피까지 줄줄 쏟아내는 것이었습
니다. 놀란 부모와 보리심보살은 아이를 안고 서울의
큰 병원을 차례로 찾았으나, 그 어느 의사도 병명은커
녕 설사조차 멎게 하지를 못했습니다.

'아, 이 병은 병원 쪽에서 다스릴 병이 아니로구나. 불

110

보살의 가피가 있어야 하리라.'

이렇게 생각한 보리심보살은 인천에 있는 절을 찾아 3일 지장기도를 시작했습니다. 그 절에서는 참여대중 모두가 목탁소리에 맞추어 '지장보살'을 부르는 것이 아니라, 각자가 따로 '지장보살'을 부르도록 되어 있었습니다.

오후 3시경 지장보살을 찾기 시작한 보리심보살은 밤 11시경이 되었을 때 여자의 곡소리가 들리는 것을 느낄 수 있었습니다. 이상한 생각이 들어 눈을 부릅뜨고 주위를 살폈더니, 소복을 입은 세 여자가 바로 옆에서 자기를 쳐다보며 울고 있는 것이었습니다.

'이상하다. 내가 수십 년을 절에 다니며 기도하였지만 이런 일은 없었다. 왜 이럴까? 나의 마음가짐이 잘못되었기 때문일까?'

이렇게 반성하고 다시 마음을 모아 지장보살을 외우고 있노라면, 또 곡소리와 함께 소복 입은 여자의 모습이 보이는 것이었습니다. 함께 기도하고 있는 삼십여 명의 사람들에게도 곡소리가 들리고 여자의 모습이 보이는가 싶어 주위를 둘러보았지만, 아무도 느끼지 못하는 듯하였습니다.

그러다가 부처님을 향해 고개를 돌리는데, 불단 앞에

남편의 동생이자 아이들 고모 세 분의 이름이 걸려 있는 것이 보였습니다.

보리심보살의 머리에는 고모 세 분과의 일이 주마등처럼 스쳐갔습니다. 나이 차이가 적어 함께 장난을 치며 재미있게 지냈던 시절, 결혼을 하여 뿔뿔이 시집으로 가던 때의 일, 잠시 친정으로 돌아와 하소연처럼 늘어놓던 시집살이 이야기, 그리고 6·25 때 고모 셋이 죽은 일까지 생생하게 떠오르는 것이었습니다.

순간 보리심보살의 입에서는 대성통곡이 터져 나왔습니다. 그곳이 법당이라는 것도 기도 중이라는 것도 잊어버리고, 눈물 콧물이 범벅이 된 채로 엉금엉금 무릎으로 기어 불단 앞으로 가서 불단을 치며 통곡하였습니다.

"부처님, 불쌍한 우리 아이들의 고모를 천도해 주십시오. 제발 제도해 주십시오. 부처님!"

한참 후 정신을 차린 보리심보살은 사람들의 시선을 피하여 밖으로 나와 세수를 하고 바람을 쏘이면서 정신을 안정시켰습니다. 그리고 다시 법당으로 들어가서 3일 밤낮 동안 고모 세 분을 위해 지극정성으로 기도를 올렸는데, 만 3일째 새벽녘이 되어 깜빡 눈을 감은 사이에 현몽이 펼쳐졌습니다. 보따리를 싸서 버스를 타고 떠나는 큰고모와 기차를 타고 떠나는 둘째고모의 모습이 보이는 것이었습니다. 오직 막내고모만은 보따리만 싼 채로 떠나지 못하고 있었습니다.

'아, 막내고모는 아직 못 가셨구나.'

그리고는 기도를 끝내고 집으로 돌아와 보니 설사를 하면서 피를 쏟던 외손녀의 병은 거짓말처럼 나아있었습니다.

그로부터 3개월 후, 남이섬으로 방생을 간 보리심보살은 강화도로 피난을 가다가 한강변에서 포탄을 맞아 죽은 막내 고모를 떠올리며 2시간 동안 정성껏 기도하였고, 그날 밤 막내고모가 공중으로 훌훌 날아 지붕을 뚫고 하늘로 올라가는 꿈을 꾸었습니다.

그 꿈을 꾸고 난 다음, 15년 가까이 주기적으로 가출을 했던 막내아들의 이상한 행동도 말끔히 사라졌습니다.

☙

6·25 때 죽은 아이들의 고모 세 사람은 불심이 깊은 새언니 보리심보살이 그들을 위해 무엇인가를 해줄 수 있을 것 같아 새언니 주위를 맴돌았습니다. 그리고 새언니인 보리심보살이 눈치를 챘으면 하고 막내아들을 유인하여 가출을 시키곤 하였습니다. 그러나 보리심보

살이 끝내 그 뜻을 알아채지 못하자 외손녀에게 깊은 장애를 일으켰던 것입니다.

마침내 보리심 보살은 통곡 속에서 아이들 세 고모에 대한 천도를 시작하였고, 세 분을 모두 천도시킴으로써 외손녀의 병과 막내아들의 고질적인 버릇이 저절로 고쳐지게 되었던 것입니다.

물론 어느 누구도 이와 같은 일이 일어나기를 원치는 않을 것입니다. 그러나 이러한 일은 가끔씩 있기 마련인데, 그러한 때는 천도의 기도를 해줄 수 있어야 합니다. 영가가 도움을 원할 때는 기꺼이 도움을 주어야 합니다.

부디 보이지 않는 영가의 세계라고 하여 무시하지 말고, 원결이 맺힌 영가가 있으면 원결을 풀어주고, 천도가 되지 않은 영가가 있으면 천도를 해주기 바랍니다. 그렇게 해줄 때 영가는 물론이요 나와 내 주위에 보다 큰 행복이 깃드는 것이니….

시어머니를 천도한 지장기도

　서산 해미에 사는 어느 보살의 꿈에, 돌아가신 시어머니가 5년 만에 나타나서 말했습니다.
　"내가 너희들을 도와주기 위해 5년 동안 공부를 하고 왔으니 나를 받아들여라."
　그 말은 무당이 되어 굿을 하고 점을 쳐주며 살라는 것이었습니다. 시어머니는 밤마다 꿈에 나타나 받아들일 것을 요구하였지만 그녀는 완강히 거절했습니다.
　"어머님께서 저희를 도와주시고자 하는 것은 고맙지만, 그 일만은 받아들일 수 없습니다."
　며느리의 거듭되는 반대에 시어머니는 마침내 저주를 퍼부었습니다.
　"너희를 돕기 위해 5년 동안 공부를 한 나의 성의를

무시하다니! 네가 끝까지 거절을 한다면 좋다. 내가 5년을 공부한 곱의 기간 동안 고통을 받게 하리라."

그날부터 며느리의 허리는 아프기 시작하였고, 심할 때는 자리에서 요동조차 할 수 없었습니다. 한 가정의 주부로서 가족을 돌보기는커녕, 밥마저 얻어먹어야 하는 처지가 되고 만 것입니다.

고통스런 나날을 2년 동안 보낸 그녀는 마을 인근의 연화사 스님께 사연을 털어놓았고, 평소 기도정진을 잘 하였던 그 절의 비구니 스님은 가르침을 주셨습니다.

"보살님, 오늘부터 지장보살을 불러 시어머님을 비롯한 보살님 주변의 영가들을 천도시키십시오. 누워있을 때나 앉아있을 때나 '지장보살'을 놓치지 말고 끊임없이 불러야 합니다. 화장실에 있건, 밥을 먹건, 고기를 먹건 따질 것이 없습니다. 오로지 '지장보살'만 부르십시오."

그녀는 스님의 가르침대로 죽어라고 지장보살을 불렀는데, 백일 정도가 지나자 차츰 거동을 할 수 있게 되었으며, 1년 뒤에는 시어머니가 다시 꿈에 나타났습니다.

"네가 너무도 열심히 지장보살을 불러 진절머리가 날 지경에 이르렀다. 이제 떠나갈란다. 내가 공부한 것을

116

전수 받을 사람을 찾아서…. 내 아들과 부디 잘 살아라."

　이 말만을 남긴 채 시어머니 영가는 떠나갔고, 그날부터 해미 보살은 정상적으로 생활을 할 수 있게 되었습니다. 시어머니의 10년 저주가 아직 7년이 남았건만, 기도한지 1년 만에 그 장애가 사라진 것입니다.

21일 지장경 독송으로 천도한 사돈댁 영가

　서울의 자명성보살이 불교와 처음 인연을 맺은 것은 50대 초반에 3년 동안 신장병으로 크게 고생을 하고 있을 때였습니다. 그때 사돈의 권유로 관세음보살을 염하다가, 꿈에 흰 옷을 입은 할머니로부터 10여차례 약물을 받아 마시고 완쾌됨으로써 불교를 깊이 믿게 된 것입니다.

　이 자명성보살이 2남 2녀의 막내딸을 시집 보낼 즈음, 신랑집에서 예단을 보내왔습니다. 그런데 그날 밤 꿈에 예단 한복판에 예물로 보내오지도 않은 족두리가 선명하게 보이면서, 꿈속인데도 '무엇인가 있구나' 하는 생각이 들었습니다.

　곧 사돈댁의 원귀가 예단에 묻혀 함께 온 것이라 느

껐던 것입니다. 왜냐하면 사돈댁이 손을 대는 사업마다 모두 실패를 하고, 가족들도 이상하리만치 어려운 사정에 빠져드는 경우가 많았기 때문이었습니다. 보살은 꿈에서 깨어나자 곧바로 지장경을 독송한 다음 기원했습니다.

"예단에 싸여 온 영가가 사돈댁과 인연이 있는 영가이든 또 다른 영가이든, 부처님과 지장보살의 공덕을 입어 밝은 길로 나아가지이다."

"예단에 싸여 온 영가들과 사돈댁 집안의 영가들이 극락에 왕생하여지이다."

보살은 이러한 축원을 하면서 며칠동안 지장경을 하루에 한 편씩 정성껏 읽어주었습니다. 그러자 꿈에 옷을 단정히 입은 여자가 기쁨에 넘치는 표정을 지으며 나타나 공손히 절을 하고 물러갔습니다. 그런데도 예단에 싸인 족두리는 여전히 보였으므로 계속 지장경을 독송하고 축원하였습니다.

20일이 지나자 꿈에 족두리를 쓴 단정한 젊은 여인이 나타나 정중한 자세로 정성을 다해 절을 하고 사라졌습니다. 자명성보살은 사돈댁 영가를 위해 백일을 기도해 주겠다는 마음으로 계속하였고, 백일이 다 되었을 무렵 노란 저고리에 남색 치마를 입은 여인이 손에 흰

수건을 들고 나타나 절을 하고 물러나는 것이었습니다.

그 꿈을 꾸고 나서, 사돈댁에 원한이 있는 영가들이 구원을 받을 인연을 찾아왔다가 지장보살의 가피를 입어 모두 천도되었음을 보살은 직감하였습니다. 그 뒤 자명성보살 사돈 집안의 우환은 저절로 사라졌고, 사업도 잘 풀려 예전처럼 편안한 삶을 누리게 되었습니다.

⚓

이 이야기에서처럼 경전을 읽어주는 독경천도의 영험은 생각 이상으로 큽니다. 만일 독경을 통하여 영가를 천도하겠다는 생각이 있으면 지장경·금강경·약사경 등의 여러 경전 중에서 하나를 택하여 하루에 한 편씩 또는 적당한 분량을 백일 동안 읽어주면 매우 좋습니다.

이때는 경전을 영가에게 들려 준다는 자세로 정성껏 읽어야 합니다. 그냥 한 편을 읽기만 하면 된다는 자세로 집중을 하지 않고 읽게 되면 영가가 이해를 하지 못합니다. 꼭 스스로 뜻을 새기고 이해를 하면서 읽어 주기 바랍니다.

지장기도로 아버지를 천도시킨 정박사

현재 대학의 교수로 있는 정박사는 아버지가 돌아가
실 때 유럽에서 박사 학위의 심사를 눈앞에 두고 있었
으므로, 임종의 소식을 듣고도 아내만을 고국으로 보
내는 불효를 저지르고 말았습니다.

논문심사를 마치고 박사가 되어 귀국한 정박사는 여
러 학교를 찾아다니며 교수 자리를 알아보았습니다.
그러나 오라는 곳은 그 어디에도 없었습니다.

생활이 넉넉하지 못했던 정박사는 속칭 '보따리 장사'
라고 하는 시간강사가 되었고, 아내는 학원강사가 되
어 가정을 꾸려갔습니다. 그러나 돈은 늘 모자랄 뿐이
었습니다. 또한 정박사의 꿈에는 돌아가신 아버지께서
누더기를 입고 나타나 꾸짖는 모습이 자주 보였습니

다.

"이놈아, 네가 어떻게 그럴 수가 있느냐? 내가 너를 어떻게 키웠는데…."

아버지의 꿈, 가난한 살림, 몇 년째 시간강사 신세 등으로 정박사의 신경은 갈수록 날카로워졌고, 아내와의 사이도 점점 멀어져만 갔습니다. 차츰 살아있다는 것까지 구차스럽게 느껴졌습니다.

그러던 어느 날 천안 광덕사를 찾은 정박사는 한 스님으로부터 천도에 대한 말씀을 듣고, 광덕사 명부전의 지장보살님 앞에서 발원을 했습니다.

"지장보살님! 불효자식에 대한 한을 품고 땅에 묻혀 계신 아버님을 위해, 49재를 지내는 마음으로 49일 동안 부모은중경을 사경寫經하고 지장경을 1백독讀 하겠나이다. 부디 아버님을 극락왕생케 하소서."

집으로 돌아온 정박사는 그날부터 지장보살님 앞에서 발원한 대로 실천을 하였습니다. 그러나 한 차례 읽는데 2시간 이상 소요되는 지장경을 두 번씩 읽고, 한 시간가량씩 부모은중경을 쓰는 것이 여간 힘들지 않았습니다. 강의 등 평소 생활을 그대로 하면서 적어도 하루 5시간을 더 노력해야 했기 때문입니다.

하지만 정박사는 적당히 타협하고자 하는 스스로의

생각을 경책하면서 불효를 참회하는 마음으로 잠을 줄였고, 버스 속에서도 지장경을 읽어 지장보살님 앞에서 한 약속을 지켰습니다.

그로부터 며칠 후, 아버지의 기일忌日을 맞아 제사를 지내고 잠이 든 정박사는 꿈에서 다시 아버지를 뵈었습니다. 그러나 아버지는 이전의 누더기가 아닌, 아주 좋은 한복을 입고 있었습니다.

"내가 자식을 잘못 키운 것은 아니었구나. 네 덕에 이 아버지는 좋은 곳에 가게 되었다."

그리고는 호탕하게 웃으며 멀어져 가는 아버지를 좇아 달려가다가 정박사는 깨어났습니다. 그 뒤부터 정박사의 꿈에는 아버지가 나타나지 않았으며, 그해 가을 대학의 교수로 채용되었습니다.

☽

이 정박사의 경우처럼 영가천도는 당사자가 직접 하는 것이 최상입니다. 굿을 한다고 하여, 부적을 쓴다고 하여 해결되는 것이 아닙니다. 절에서 올리는 천도재만으로 모든 것이 다 해결된다고 생각해서는 안 됩니다. 절에 계신 부처님이나 신장, 그리고 기도를 하는 스님들도 '나의 정성'에 감응하여 움직여주시는 것입니다.

참으로 지혜로운 이라면 능히 알 수 있을 것입니다.

영가 때문에 고통을 받는 것도 '나'요, 천도를 하여 복되게 사는 것도 나라는 것을⋯. 그런데 나의 문제를 어떻게 남에게 미룰 것인가?

내가 직접 하겠다는 자세와 각오가 없으면 천도가 매우 어렵다는 것을 꼭 명심하기 바랍니다.

오랜 원혼귀를 천도한 진하스님

다음의 이야기는 속리산 법주사에 실재했던 일로, 1989년에 입적한 대은大隱스님의 젊은 시절에 진하震河 (1861~1926)스님께서 직접 들려주신 이야기입니다.

1800년대 초에 한 궁녀가 법주사로 왔다가 잘생긴 비구스님을 보고 한눈에 반하여 짝사랑을 하였습니다. 그녀는 궁녀와 스님이라는 신분 때문에 혼자서 고민만 하다가, 밤중에 방으로 찾아가서 스님의 품으로 뛰어 들어 유혹을 하였습니다.

"청정비구가 어찌 여인네와 사랑을 나눌 수 있단 말이오? 썩 물러가시오."

스님의 단호한 거절에 가슴이 산산이 찢어진 여인은 한을 품고 나무에 목을 매달아 자살을 하고 말았습니다. 원혼귀가 된 그녀는 매일 밤마다 스님을 찾아갔고, 얼마 뒤에 스님은 온몸이 노랗게 되는 황열병에 걸려 죽고 말았습니다.

하지만 원혼귀는 법주사를 떠나지 않았습니다. 그 뒤로도 얼굴이 잘생긴 젊은 승려가 오기만 하면 노랗게 뜨는 황열병에 걸려 죽게 만들었습니다. 약 백 년 가까이 법주사 승려들은 황열병에 걸려 죽는 공포에 떨었고, 이것을 막기 위하여 1년에 한 번씩 큰 재를 베풀었지만 뚜렷한 효험은 없었습니다.

1911년, 당대의 대강사로 유명한 서진하徐震河스님이 금강산 신계사에서 속리산 법주사 주지로 옮겨왔습니다. 어느 날 스님이 경을 보고 있는데, 비몽사몽간에 젊은 여인이 가슴을 파고들며 속삭였습니다.

"스님과 한 몸이 되고 싶습니다. 저를 거두어 주소서."

'이상하다. 왜 이런 꿈을 꾸었지?'

그 여인은 비몽사몽간에 여러 차례 찾아들었고, 스님의 얼굴은 차츰 외꽃이 핀 듯이 노래지기 시작하더니, 맥을 출 수가 없었습니다.

'아하, 여인의 이와 같은 장난 때문에 스님들이 황열병에 걸려 죽은 것이로구나.'

진하스님은 곧바로 대웅전으로 나아가 신묘장구대

다라니를 외웠습니다. 잠자고 먹는 시간 외에는 끊임없이 신묘장구대다라니를 외웠고, 그렇게 삼칠일(21일)이 경과하자 그 원혼귀가 말했습니다.

"스님, 저는 떠나갑니다. 그 동안의 허물을 용서해주십시오."

스님의 몸은 저절로 완쾌되었으며, 그날 이후로 법주사에는 황열병이 완전히 사라졌다고 합니다.

§

한을 품고 죽은 원혼귀의 보복은 참으로 무섭습니다. 이 이야기에서처럼 황열병에 걸려 죽은 까닭이 무엇인지조차 모르게 되면 속수무책으로 당하게 됩니다.

다행히 그 귀신이 도력 있는 진하스님께로 다가왔기에 스님은 그 까닭이 한 맺혀 죽은 원혼귀 때문임을 알아차렸고, 곧바로 법당으로 나아가 신묘장구대다라니 21일기도를 행함으로써 원혼귀를 천도할 수 있었습니다.

인생을 살다 보면 정말 까닭을 알 수 없는 장애가 찾아드는 경우가 많습니다. 바로 그러한 때에 포기하지 말고 신묘장구 기도를 열심히 해보십시오. 만약 그 까닭이 영가 때문이라면 그 영가가 반드시 천도될 것이요, 보이지 않는 지난 세상의 업 때문이라면 그 업들이 녹아내려 모든 장애가 사라질 것입니다.

영암스님의 병과 대다라니 염송

대한불교조계종의 총무원장을 두 차례 역임한 영암映
嚴(1907~1987)스님은 20대 후반에 오대산 적멸보궁에
서 백일기도를 하였습니다. 스님은 상원사의 노전에 기
숙을 하면서 매일 마지를 지어 산길로 2㎞ 밖에 있는
적멸보궁으로 올라가 공양을 올리고 정진하였습니다.

그런데 스님이 기거했던 노전방에는 망자亡者의 위패
를 종이로 만들어 모셔 둔 것이 많이 있었는데, 어느 날
피로에 지쳐 험하게 잠을 자다가 영단을 발로 차버렸
고, 영단이 무너지면서 위패들이 떨어져 뒹굴었습니다.

그 다음 날 영암스님은 열이 40도나 오르는데도 너
무나 춥고 떨려서 견딜 수가 없었습니다. 마치 학질에
걸린 듯하였습니다. 대개 학질은 오후에 시작하는 법인

데, 이번 학질은 오전부터 춥고 떨려서 견딜 수가 없었습니다.

'아, 기도를 하다가 이 무슨 장애란 말인가? 내가 영단을 고의로 무너뜨린 것도 아닌데…. 기도를 중단하고 병원으로 가야하는가? 아니다. 기도를 멈추어서는 안 된다. 더욱이 이것은 학질이라기보다 영가의 보복이 틀림없음이니….'

이렇게 판단한 스님은 죽을힘을 다하여 적멸보궁으로 올라가서 이를 악물고 신묘장구대다라니 1080편을 외웠습니다. 그야말로 죽을 각오로 하루 종일 외웠더니 씻은 듯이 학질이 떨어지고 완쾌하여, 백일기도를 장애 없이 잘 마쳤다고 합니다.

⚬

노한 영가의 보복은 생각 이상으로 강합니다. 영가는 큰 병을 주거나 각종 장애를 일으켜 사람들을 힘들게 만듭니다. 그러나 어지간한 영가의 보복은 신묘장구대다라니로 치유할 수 있습니다. 특히 1080편 용맹정진이면 능히 해결할 수 있으니, 꼭 참회하는 마음과 영가를 잘 천도해 주겠다는 자비심을 품고 기도하시기 바랍니다.

금자 법화경을 사경한 정진스님

    조선시대 말 통도사 백련암에서 승려생활을 했던 정
진正眞스님은 울산에 살았던 아버지 송유양이 돌아가
셨을 때 49재를 지내주었으므로 마땅히 천도가 되었을
것으로 생각했습니다.

    그런데 어느 날 밤에 꿈을 꾸었습니다. 포졸 옷을 입
은 7~8명의 장정이 달려들어 바닷가로 끌고가더니, 강
제로 배에 태워 무인도에다 내려놓는 것이었습니다.

    그때 누군가가 '스님'하고 불렀습니다.

    "스님은 어느 절에 계시며 법명은 어떻게 됩니까?"

    "통도사 백련암에 있는 정진입니다."

    "고향은 어디입니까?"

"울산이오."

"아이구, 내 아들아!"

그때서야 상대를 자세히 살펴보니, 고초에 시달려 헬쑥해진 모습은 예와 같지 않았지만, 틀림없이 아버지 송유양이었습니다.

"아버지, 이것이 어떻게 된 노릇입니까?"

"아들아, 세상에 살 때 재산이 있는 양반이라 하여 사람들을 괄시하고 짓밟은 과보로, 지금 나는 뱀들이 우글거리는 요사지옥繞蛇地獄에 떨어져 고통을 받고 있단다. 제발 이 고통에서 벗어나게 해다오."

"제가 어떻게 해드려야 합니까?"

"내가 이 지옥에 들어온 후로 여기에서 벗어나 천상에 태어난 이는 꼭 한 사람이 있었다. 그는 중국 소주 땅에서 관리 노릇을 했던 정익수라는 사람인데, 그의 아들 태을이 법화경을 백 번 읽으며 천도해준 공덕으로 고통에서 벗어나 천상에 태어나게 되었느니라. 너도 나를 위해 법화경 한 질을 베껴 쓰고 독송하여, 이 고통에서 벗어나게 해다오."

그리고는 무엇에 의해 끌려가는지, 몸을 벌벌 떨며 말했습니다.

"또 지긋지긋한 고문의 시간이 되었구나. 부탁이다.

제발 내 말을 잊지 말아라."

"아버지, 아버지! "

꿈에서 깨어난 정진스님은 금으로 법화경을 사경하겠다는 결심을 했습니다.

스님은 울산의 어머니를 찾아가 꿈 이야기를 하고, 전국을 다니며 탁발했습니다. 왜냐하면 경을 쓰는데 필요한 종이와 금가루뿐만이 아니라, 경전을 쓰는 이에 대한 양식과 의복과 사례금, 기도하는 동안 법당스님과 공양주와 머슴들에게 쓸 비용까지 모두 마련해야 했기 때문입니다.

탁발을 하여 불사의 경비가 마련되자, 순천 선암사의 대강백이요 명필로 이름난 김경운金警雲 스님을 모셔와서, 검은색 한지에 금으로 법화경을 써줄 것을 청했습니다.

금가루로 글씨를 쓰면 붓이 금방 마모되어 버립니다. 경운스님이 법화경 7권 중 4권을 쓰고 나자 처음 마련했던 붓들이 모두 마모되어 버렸습니다. 때마침 눈이 많이 와서 붓을 사러 갈 수도 없었습니다.

그런데 청소를 하기 위해 방문을 열자, 족제비 한 마리가 뛰어들어와 아랫목에 자리를 잡는 것이었습니다.

"나가거라. 추워서 들어왔는지는 몰라도 여기는 네가

들어올 자리가 아니다."

그러나 족제비는 나갈 생각을 하지 않았습니다. 손으로 밀어내어도 꼼짝도 하지 않았습니다. 경운스님은 느낀 바가 있어 족제비에게 말하였습니다.

"효자 정진스님의 아버지를 위한 거룩한 불사에 네 몸의 털을 보태겠다는 것이냐? 네 뜻이 그렇다면 받아들이마."

경운스님이 살아있는 족제비의 꼬리털을 모두 뽑는 동안 족제비는 꼼짝도 하지 않았습니다.

"고맙구나. 이것으로 붓을 만들면 이 경전을 다 쓰고도 남겠구나."

그때서야 족제비는 방에서 나갔고, 경운스님이 법화경 사경을 끝내자, 정진스님은 통도사 적멸보궁에 금글씨로 쓴 법화경을 올리고 축원하였습니다.

"아버지를 위해 이 책을 만들었습니다. 꼭 좋은 세상으로 나아가게 해주십시오."

그날 밤 정진스님의 꿈에 아버지가 나타나 말하였습니다.

"고맙다. 네 덕분에 요사지옥에서 벗어나 천상으로 오르게 되었구나. 스님 노릇 잘하기 바란다."

또, 아내의 꿈에도 나타나 당부하였습니다.

"여보, 사람이 잘 산다는 것은 남 앞에서 잘난 척하거나 잘 입고 잘 먹는 것이 아니라, 남에게 자꾸 베풀어 주고 공덕을 쌓으며 사는 것이라오. 당신 농 속의 옷만 하여도 평생 입고도 남으니, 더 이상은 옷을 가지려 하지 마시오. 소작하는 사람들이 가을에 양식을 가지고 오면 적다며 책하지 말고, '고맙다'고 하면서 주는 대로 받으시오. 어떻게 하든 복을 닦으시오. 나는 당신과 스님 아들이 있어 이렇게 제도를 받았지만, 당신 뒤에는 그렇게 해 줄 사람이 없으니, 당신 복은 당신이 닦아야 할 것이오."

그때가 1901년이었고, 현재 이 금자법화경은 통도사 성보박물관에 보관되어 있습니다.

§

정진스님은 지옥에 빠진 아버지를 천도하면서 실지로는 법화경을 한 편도 읽지 않았습니다. 다만 사경 전이나 사경 중에 정성을 다하였을 뿐이었는데도, 아버지는 요사지옥을 벗어나 천상으로 인도되었습니다. 이처럼 사경의 공덕은 크고도 큰 것입니다.

또 독경과 사경을 함께 하는 것도 매우 좋은 방법입니다. 예를 들면 지장경을 하루 한 편 읽으면서, 조금씩 사경도 함께 하는 것입니다.

아울러 독경·사경과 함께 주위 사람들에게 법보시를 행하는 것도 매우 권할 만한 일입니다. 이 때에는 불교 신행에 도움을 주고 사람들을 쉽게 깨우칠 수 있는 책을 법보시하는 것이 좋습니다. 읽는 사람을 깨달음의 길로 들어가게 하는 것이야말로 영가에게 큰 공덕이 되기 때문입니다.

법화경을 사경하여 부모를 천도하다

1859년(철종 10) 통도사 서원암을 중건한 남봉南逢스 님의 출가 전 이야기입니다.

어린 시절 부모가 일찍 세상을 떠나자, 남봉스님은 남의 집 민며느리로 들어간 누나와 함께 살아야만 했습니다. 그러나 모든 것이 넉넉하지 못해 입 하나가 무섭던 그 시절, 민며느리가 된 누나에게 얹혀산다는 것은 여간 괴로운 일이 아니었습니다. 무엇보다도 자기 때문에 시집 식구들의 눈치를 보고 잔소리를 들어야 하는 누나를 대하기가 힘들었습니다.

'차라리 길거리에 나가 얻어먹을지언정 더 이상 누나를 고생시켜서는 안 된다.'

이렇게 결심한 소년은 13세의 나이로 그 집을 나와

거지 생활을 시작했습니다. 이곳저곳에서 구걸을 하며 연명을 하다가 한 해가 저물어가자 누나가 보고 싶어졌고, 누나를 찾아 경상남도 언양의 삼남골로 향하다가 양산 통도사에서 섣달 그믐날을 맞게 되었습니다.

지금은 많이 바뀌었지만 일제강점기 말까지만 하여도, 섣달 그믐날 절 안으로 들어오는 나그네는 남녀노소 신분의 높고 낮음을 막론하고 모든 이에게 상을 차려 대접하는 풍습이 있었습니다. 그것도 여럿이서 함께 먹는 겸상으로 차리는 것이 아니라, 과일·떡·과자 등을 모두 갖춘 밥상을 한 사람 앞에 하나씩 각각 차려 주었던 것입니다.

거지소년도 밥상을 받았습니다. 그러나 소년은 물끄러미 음식을 바라보다가, 밥상을 들고 객실을 나와 디딜방앗간으로 들어갔습니다. 마침 그 모습을 본 대웅전의 노전스님은 이상하게 생각하여 몰래 숨어 소년의 행동을 지켜보았습니다.

소년은 방앗간 안을 깨끗이 청소하더니 한쪽에 밥상을 놓고 절을 했습니다. 그리고는 흐느끼며 아뢰었습니다.

"아버님 어머님, 오늘이 섣달 그믐날입니다. 집집마다 제사를 지내건만, 거지 신세인 저는 제사도 모시지 못

합니다. 이 음식은 통도사 스님들께서 저 먹으라고 주신 것이지만, 부모님 제사도 지내지 못하는 제가 어떻게 먹을 수 있겠습니까? 이 음식이나마 부모님께 올리오니, 부디 섭섭해 하지 마시고 맛있게 드십시오."

소년은 다시 흐느끼며 절을 올렸고, 그 모습을 지켜보던 노전스님은 생각하였습니다.

'참으로 기특한 아이로구나. 저 아이를 거두어 승려로 만들어야겠다.'

이튿날인 설날 아침, 소년이 떡국을 먹고 떠나려 하자 노전스님이 불러 물었습니다.

"애야, 스님이 되고 싶은 생각은 없느냐?"

"저 같은 거지를 누가 스님으로 만들어주겠습니까?"

"내가 거두어주마. 내 밑에서 중노릇을 해 보아라."

이렇게 하여 승려생활을 시작한 이가 남봉스님입니다. 그 뒤 남봉스님은 15년가량 은사스님을 시봉하며 강원의 경전공부를 마쳤고, 30세가 되었을 때 은사스님의 슬하를 벗어나 독립을 하게 되었습니다. 그리고 첫 작업으로 한 해 동안 탁발을 하여 이듬해 여름에 부모님의 천도를 위한 백일기도를 시작하였습니다.

무더운 여름, 남봉스님은 절을 세 번 한 다음 법화경 한 글자를 쓰고, 또 절을 세 번 하고 한 글자를 쓰면서 축원하였습니다.

'아버님 어머님께서 고통에서 벗어나 좋은 나라로 향하여지이다.'

그렇게 6만 9천 225자의 법화경을 정성껏 써서 끝마친 백중날 밤, 아버지 어머니가 꿈에 나타나 기뻐하면서 말씀하셨습니다.

"우리는 부모가 되어 너에게 해준 것이 없는데, 우리를 위해 그토록 간절히 기도를 하고 축원을 해주었으니 고맙기 그지없구나. 우리는 네 덕에 모든 고통에서 벗어나 좋은 나라로 간다. 그러니 앞으로는 걱정하지 말아라. 그리고 우리가 고통에서 벗어나 좋은 데로 갔다는 증거를 꼭 보고 싶으면, 내일 아침에 누나 집으로 가 보아라. 아들아, 정말 고맙다."

이튿날인 7월 16일 아침, 남봉스님은 언양 삼남골에 있는 누나 집으로 가 보았습니다. 묘하게도 누나 집에서 십년 이상을 부렸던 건강한 황소가 밤에 갑자기 죽었다는 것이었습니다. 어제까지만 해도 그렇게 일을 잘하였고 저녁에 쇠죽을 맛있게 먹었다는 그 소가…. 그리고 이웃 마을의 한 집에서도 십 년 이상을 산 암소 한 마리가 죽었다는 것이었습니다.

'아! 아버님 어머님이 소가 되어 고통을 받으시다가

좋은 나라로 가셨구나.'

§

일찍 부모를 여의고 고생을 하게 되면 오히려 부모에 대한 원망이 커지기 마련이지만 남봉스님은 달랐습니다. 배고픈 거지소년 시절의 섣달 그믐날에 잘 차려진 밥상을 받고도, 허기진 배를 채우기보다는 부모님의 제사상으로 올렸던 남봉스님! 그리고 부모님의 천도를 위해 올렸던 스님의 기도는 한 점의 티끌도 없는 효심이요 정성이었습니다.

이러한 효심과 정성으로 천도를 하면 혹독한 업을 받은 영가일지라도 천도가 되지 않을 까닭이 없습니다. 그러나 단순한 기대심리와 '나'의 욕심으로 천도를 하게 되면, 그 욕심과 기대 때문에 오히려 천도가 공염불로 끝나는 경우가 많습니다.

부디 부모 등의 가까운 이들을 천도할 때는 그냥 효심으로, 은혜를 갚는다는 마음 하나로 임하기 바랍니다. 그것이 무소득심의 천도이며, 무소득심의 천도라야 영가가 고통을 벗어나 좋은 나라로 나아갈 수 있고, 장애를 벗어나 행복을 누릴 수 있게 된다는 것을 깊이 명심하기 바랍니다.

제 5 장

가족을 향한 참회

낳기 싫었던 딸의 뇌성마비

내가 울산에 있을 때 학성선원에 다니던 어느 보살이 겪은 일입니다.

그녀가 결혼을 하고 보니 시집의 분위기는 자라 왔던 친정의 환경과 너무나 달랐습니다. 서로가 이해하고 용서하는 집안이 아니라, 독한 소리·사나운 소리를 마구잡이로 쏟아내는 분위기여서 도저히 살 자신이 없었습니다. 그녀의 입에서는 "나는 이 집에서 못살아. 이혼하고 갈 거야." 라는 소리가 저절로 나왔습니다.

아이를 임신하고서도 "나는 이 아이 낳지 않을 거야. 수술을 해 버리고 이혼할 거야. 나는 이 집에서 못살아." 라는 무서운 맹세를 뱃속의 아이에게 수도 없이 하였습니다.

엄마의 무서운 칼질 속에서 태어난 아이는 여섯 살이 되던 해에 뇌성마비에 걸렸습니다. 그녀가 이 아이를 업고 나를 찾아왔을 때, 아이의 나이가 열 네 살이었지만 신체 발육은 대여섯 살 정도에 불과하였고, 말도 못하고 대소변도 못 가리는 상태였습니다.

"무슨 해결책이 있겠습니까? 잘못했다고 참회하는 길 밖에 없습니다. 시간 나는 대로 아이를 포옹해주되, 절대 엄마의 가슴이 두근거릴 때는 아이를 안지 마십시오. 엄마의 가슴이 조용할 때 아이를 안아주면서 아이에게 마음으로 대화를 하십시오. '엄마가 잘못했다. 너에게 참회한다. 미안하다. 건강하게 자라나서 너의 원 따라 사회에 이바지하는 사람이 되어라.' 이렇게 축원을 하면서 죽어라고 참회하는 길 밖에 달리 다른 방도가 없습니다."

나는 어머니에게 이렇게 일러주고, 아버지에게도 당부했습니다.

"집에 와서 짜증이나 신경질을 부리지 말고, 아이한테는 절대로 기분 나쁜 소리나 가시 돋친 소리를 하지 마십시오. 백 걸음을 양보해야 됩니다. 아이를 비록 완전한 사람으로 만들지는 못할지라도, 제 발로 걷고 말이라도 제대로 할 수 있게 하는 방법은 오직 이 길밖에 없습니다."

§

부모의 마음가짐이나 성격이 태어나는 아이에게 무섭도록 영향을 끼친다는 것을 우리는 잘 생각을 하지 않고 있습니다. 그러나 부모의 마음가짐과 말과 행동은 그에 합당한 인연을 불러들입니다.

내가 가족에게 내뿜은 독기. 이 독기가 모든 것을 어긋나게 만들고 큰 불행을 몰고 옴이 틀림없는데, 어찌 참회를 하지 않을 것입니까?

참회의 통곡에 말문을 연 손자

1920년대, 일본 오사카시 변두리에 있는 조그마한 어촌魚村에 어린 두 딸을 둔 부부가 있었습니다. 그런데 큰딸이 세 살, 작은딸이 돌도 되기 전에 남편이 동네 주막집의 여자와 눈이 맞아 도망을 쳤습니다.

원망스럽기 그지없는 남편…. 그러나 그녀는 원망과 배신감 속에 묻혀 살 여유조차 없었습니다. 혼자서 어린 두 딸을 키우기 위해 이웃을 찾아다니며 구걸도 하고 날품팔이도 했습니다. 그리고 갖은 고생 끝에 조그마한 세탁소를 차려 두 딸과 단란한 생활을 할 수 있게 되었습니다.

어느덧 장성을 한 큰딸은 결혼을 하여 데릴사위를 데려왔고, 작은딸은 결혼을 하여 집을 떠나갔습니다. 그들은 지난 세월의 아픔을 모두 잊고 편안하게 살고 있었습니다.

그런데 겨울철 어느 날 새벽, 처자식을 버리고 도망을 쳤던 남편이 갑자기 나타났습니다. 남편은 50대 초반의 나이였지만 칠십 먹은 노인처럼 주름진 얼굴에, 한쪽 다리는 불구가 되어 목발을 짚고 있었습니다.

"여보, 내가 잘못했소. 용서해주시구려."

순간 부인의 입에서는 수십 년동안 눌러 왔던 원망과 분노가 한꺼번에 터져 나왔습니다. 너무나 저주스러워 찬바람이 몰아치는 마당에 남편을 세워 두고 할 소리 못할 소리 가리지 않고 욕을 퍼부었습니다. 마침 사위가 야근으로 집을 비웠던 터라, 큰딸도 뛰어나와 아버지에게 온갖 원망을 다 내뱉었습니다.

용서를 빌기 위해 찾아온 남편을 그들 모녀는 끝내 받아주지 않았습니다. 노인은 다리를 절며 쓸쓸히 그 집을 떠나갔고, 이튿날 아침 신문에는 투신자살을 한 남편의 사진과 기사가 실려 있었습니다. 하지만 그들 모녀는 모른 척했습니다.

'우리 때문에 죽은 것이 아니야. 우리를 버린 것은 그 사람이야. 잘못은 그 사람에게 있어.'

그렇게 부인도 큰딸도 자위를 하면서 그 사실을 비밀

로 간직한 채 굳게 입을 닫았습니다. 당사자인 어머니와 딸 사이에서도 그 사건에 대해 말은 일체하지 않았습니다.

　그리고 몇 달후, 큰딸이 사내 아기를 낳았는데, 말을 하지 못하는 벙어리였습니다. 부모는 아이를 안고 여러 병원을 찾아다녔지만, 아이는 일곱 살이 될 때까지 전혀 말을 하지 못했습니다. 마침내 부인은 큰딸과 손자를 데리고 염불 수행을 중심으로 삼는 동본원사東本願寺 계통의 절을 찾아가 스님께 매달렸습니다.

　"스님, 이 아이는 제 손자인데, 아직도 말을 하지 못합니다. 내년에 학교를 보내야 하는데 말을 못하니 농아학교를 보낼 수 밖에 없습니다. 어린 것을 부모가 없는 다른 지방의 학교로 보내려니 참으로 가슴이 아픕니다. 이 아이가 말을 할 수 있게 하는 방법은 없을까요?"

　참으로 난감해진 스님은 근본 원리에 입각하여 답을 했습니다.

　"대우주 법계의 모든 것은 원점에서부터 끝까지 순서대로 진행되게끔 되어있습니다. 따라서 이 세상에 태어난 저 아이는 다른 사람들처럼 마땅히 말을 할 수 있어야 합니다. 그런데 말을 하지 못한다는 것은 저 아이와 가장 가까운 사람이 마음속에 어떤 비밀을 간직한 채 '말하면 안 돼. 말해서는 안 돼. 말하지마'라고 외치고 있기 때문입니다. 그 말할 수 없는 비밀이 저 아이를 벙어리로 만든 것입니다."

이 말이 떨어지자 큰딸은 파랗게 질려 오들오들 떨었고, 잠시 후 부인이 입을 열었습니다.

"스님, 제가 남편을 죽였습니다. 하지만 직접 죽인 것은 아닙니다."

그리고는 지난날의 이야기를 모두 털어놓았습니다. 조용히 듣고만 있던 스님은 부인의 이야기가 끝나자 물었습니다.

"남편을 주막으로 내쫓은 사람은 누구입니까? 부인께서는 하루 종일 밖에서 일을 하고 온 남편을 따뜻하게 맞이하고 편안하게 쉬도록 해주셨습니까? '내가 남편을 내쫓았다'는 생각은 하지 못하고, 부인께서는 처자식을 버리고 떠나간 남편에게 저주만 퍼부었지 않습니까? 더욱이 남편은 가족들을 잊지 못하고, 한평생을 죄의식 속에서 지내다가 용서를 구하기 위해 찾아오지 않았습니까?"

스님의 말씀을 듣고 부인은 한참동안 멍하니 앉았다가 말했습니다.

"저는 이제까지 제 잘못이라는 생각을 하지 못했습니다. 모두가 남편의 잘못이요 남편이 저지른 일이라고 생각했습니다. 그런데 스님의 말씀을 듣고 보니 제가 참으로 몹쓸 인간이었습니다. 하나에서 열까지 모두 제 잘못입니다. 모두가 제 탓이요 제 잘못입니다."

그리고는 대성통곡을 하기 시작하였고, 곁에 있던 딸도 어머니를 따라 통곡을 하였습니다.

순간적으로 자기의 잘못을 철저히 반성하고 터뜨리는 참회의 통곡! 거짓도 꾸밈도 과장도 없는 참회의 통곡. 뼈 마디마디에서 우러나오는, 골수에서 터져 나오는 참회의 통곡이 너무나 거룩하여, 스님은 부처님의 법문을 듣듯이 합장을 하고 있었습니다.

바로 그 순간, 바깥에서 놀던 아이가 할머니와 어머니의 통곡소리를 듣고 뛰어들어 와서는 할머니의 목에 매달렸습니다. 그리고 말을 했습니다.

"할머니 할머니, 왜 울어? 엄마, 왜 울어?"

7년 동안 '밥'이라는 한 단어, 아버지·엄마라는 단어조차도 내뱉지 못하던 아이가 마침내 말을 한 것입니다.

"이 아이가 말을 했어! 말을 했어! 아, 지금까지 이 못난 할미가 너의 입을 막고 있었구나. 이 나쁜 할미가 너의 입을…."

§

일심이 무엇이고 일념이 무엇입니까? 한마음이요 한 생각입니다. 솔직한 마음이요 순수한 생각입니다.

바로 모녀가 진심으로 참회를 하며 통곡을 했던 그 마음, 과장도 꾸밈도 없고 개인의 욕심이나 기대가 붙은 것도 아닌 그 솔직한 참회의 통곡이 일심이요 일념입니다. 솔직한 일심이요 순수한 일념이었기에 그녀는 한순간에 참회를 마쳤고, 마침내 굳게 닫혔던 아이의 말문이 터진 것입니다.

우리는 기도할 때 일심 또는 일념이라는 말을 참으로 자주 쏟아냅니다. 하지만 일심이나 일념은 쉽게 이루어지는 것이 아닙니다. 기도를 하거나 수행을 하거나 일을 하거나, 시간과 공간을 뛰어넘는 차원에 가야 일심이나 일념이 이루어질 수 있습니다.

바꾸어 말하면 시간과 공간을 초월하여 모든 것을 이루어 낼 수 있는 원바탕이 일심이요 일념인 것입니다. 따라서 근심 걱정과 괴로움에 처한 어떠한 중생이든 일심으로 기도를 하면 근심걱정과 괴로움을 능히 해결할 수 있습니다. 그것도 즉시에!

3년 삼배의 절로 남편을 고친 보살

지금 내가 있는 경주 함월사에 다니는 불자들 가운데 나이 오십이 갓 넘은 보살이 30대 후반에 경험했던 일입니다. 이 보살은 외모도 반듯하고 정진도 잘하였는데, 특이한 남편을 만나 살고 있었습니다.

남편은 아침에 출근을 하고 나면 밤 12시에 귀가를 하든 새벽 3시에 귀가를 하든, 하루 종일 가족들에게 어디서 무엇을 한다는 연락을 주는 법이 없었습니다. 아이들과 한 약속도 도무지 지키지 않았으며, 집안이 어떻게 되든 자식이 어떻게 되든 전혀 상관을 하지 않았습니다.

가장이 가정적이지 못한 집안이 어찌 평온할 수 있겠습니까? 그러나 아내는 참고 또 참았습니다. 그런데 초등학교 다니는 아이들이 아버지에 대한 불만을 노골적으로 터뜨리기 시작하는 것이었습니다.

"엄마, 우리 집에는 아버지가 없어. 우리는 아버지가 없는 사람이야."

그러더니 아버지라는 존재에 대해 차츰 거부를 하고 부정을 하기까지 했습니다. 아이들까지 아버지를 거부하자 그녀는 남편에게 사정을 했습니다.

"여보, 당신이 나에게 무심한 것은 괜찮습니다. 그런데 아이들에게까지 무심하다보니, 이제는 아이들이 당신을 거부하고 무시하려 합니다. 가장인 당신이 물에 기름 뜨듯이 따돌린다면 이 가정은 어떻게 되겠습니까? 제발 아이들에게는 관심을 가져주세요."

여러 차례 간곡히 이야기를 하였지만 남편의 행동은 변화를 보이지 않았고, 그녀로서는 달리 어떻게 해 볼 수가 없었습니다. 어느 날 그녀는 나에게 자초지종을 털어 놓았고, 이야기를 들은 나는 물었습니다.

"보살님은 새벽기도를 한다면서요?"

"예."

"그럼 이제부터 새벽기도 끝에 남편과 큰딸과 아들을 향해 절을 하십시오. 많이 하지 않아도 됩니다. 한 사람에게 삼배씩만 올리고 축원을 하십시오."

그리고는 간단한 요령을 알려주었습니다. 새벽 3시반에 일어나 집에서 기도를 하는 그녀는 기도 끝에 가족을 향한 절을 하기 시작했습니다. 남편이 자는 방을 향하여 삼배, 아들 방 쪽을 향하여 삼배, 딸 방을 향하여 삼배. 이렇게 그녀는 3년을 절하였습니다.

절을 시작하고 3달이 지나자 남편이 차츰 바뀌기 시작하더니, 만 3년이 되자 완연히 딴 사람으로 탈바꿈하였습니다. 퇴근 시간이 되면 시계보다 더 정확히 집으로 돌아왔고, 회사에서 특근이 있으면 꼭 전화를 하였습니다. 저녁 때 회식이나 술 접대를 할 일이 있으면 일단 집으로 들어와 자가용을 놓아 두고 택시를 이용했으며, 집안 식구들에게도 사정을 말하는 것이었습니다.

"오늘은 회식이 있어 조금 늦을 것 같다. 저녁은 너희들끼리 먹어라."

또한 아이들과 자주 어울리고 약속을 잘 지키는 아버지로 바뀌었습니다. 자연히 아이들도 아버지를 잘 따르는 착한 자녀가 되어, 10여 년이 지난 지금, 딸은 프랑스에서 공부를 잘하고 있으며, 아들은 군복무를 마치고 미국 유학을 떠날 준비를 하고 있습니다.

§

이 보살님은 가끔씩 이야기를 합니다.

"저는 인간의 정을 '좋다·싫다, 곱다·밉다, 흐뭇하다·섭섭하다, 잘해준다·야속하다'는 등의 상대적인 것으로 생각했습니다. 그리하여 야속하고 제멋대로인 남편에 대해 원망도 많이 했습니다.

그런데 3년 동안 남편을 향해 절을 하고 나서는 인간의 정이 '좋다·싫다'는 등의 상대적인 것이 아니라는 것을 느꼈습니다. 참된 정은 언제나 흐뭇하고 즐겁고 좋을 뿐, 싫다·얄밉다·섭섭하다가 붙으면 그것은 '나' 개인의 감정일뿐, 인간의 참된 정은 아니라는 것을 비로소 알았습니다."

이렇게 남편과 자식을 향한 절을 통하여 참된 인정이 무엇인가를 깨달은 그녀는 다른 불자들에게도 가족에게 절을 할 것을 가르치고 있으며, 그녀의 말을 듣고 가족에게 절을 하는 불자는 점점 더 많아지고 있습니다.

절을 통해 남편을 하심하게 만든 아내

내가 알고 있는 서울의 불자 부부 이야기입니다.

이 부부 중 남편은 일류대학을 졸업하고 대기업에 들어가서 이사가 되기까지 승승장구한 분이지만, 자기 시간이 없을 정도로 일에만 매달려 지내는 사람이었습니다.

부덕을 고루 갖춘 부인에게는, 처음 초일류만 지향하는 남편의 그런 모습들이 매력으로 다가왔습니다. 하지만 살다 보니, 점점 딱딱하고 권위적이고 깊은 정이 없는 남편의 모습이 싫어지기 시작하였고, 마침내는 삶의 의욕마저 없는 괴로운 상태에 놓이게 되었습니다. 어느 날 아내는 출근하는 남편에게 말했습니다.

"당신은 훌륭하고 장점도 많지만, 너무 재미없는 사

람입니다. 그렇게 자기만 내세우다가는 언젠가 부러져서 일어나지 못하게 될 수도 있어요. 제발 자기를 낮추어 주위 사람과 함께 할 수 있었으면 좋겠어요."

그러나 남편은 전혀 들은 척도 하지 않았습니다. 부부 사이는 더욱 벌어졌고 싸움도 자주했습니다.

그 무렵, 부인이 나를 찾아왔기에 부탁했습니다.

"남편에게 공경하는 마음을 가지십시오. 그리고 매일 아침 남편이 출근할 때 삼배씩 절을 하십시오."

아내는 그대로 실천했습니다. 처음에는 절을 받은 남편이 놀라기도 하고 화를 내기도 하였는데, 3주가량이 지나자, 남편이 물었습니다.

"당신의 진심이 무엇이오? 말해 보시오. 합당하면 당신 하자는 대로 하겠소."

"당신은 너무 일류만을 지향하고 있습니다. 제발 자신을 좀 낮추세요. 하심下心을 할 줄 알아야 훌륭한 사람이 됩니다."

부인의 진심 어린 말을 가만히 듣고 있던 남편은 '한번 생각해보겠다'고 하였고, 그 이후로 서서히 바뀌기 시작했습니다. 평소에 전혀 하지 않았던 가정 일을 돕는 등 잘하려고 노력하는 모습을 보이더니, 정말 많이 부드러워지고 겸손해졌습니다.

3개월쯤 되자 아이들도 변하기 시작했습니다. 아들만 둘인데, 아버지를 닮아 자기보다 더 잘난 사람이 없는 것처럼 생각하던 두 아이들이 고분고분해지고 스스로를 낮추기 시작하여 차츰 웃어른들을 공경하게 되었고, 공부도 알아서 더 잘하게 되었습니다.

그로부터 또 3개월이 지났을 때 남편의 출근 시간이 되면 부부가 서로 맞절을 하게 되었고, 마침내는 아이들까지 함께 삼배를 하며 화목하고 부족함 없이 지내는 가족이 되었습니다.

⚜

우리는 집안에서부터 공경심과 자비를 실천할 수 있는 불자가 되어야 합니다. 다른 곳에 가서 실천하기에 앞서 내 집안, 내 식구들에게 먼저 실천하는 것이 중요합니다. 내 집안에서 실천하고 베풀어서 우리집이 평화로운 정토가 되면, 그 파장은 자연스럽게 이웃에 미치게 되고, 더 나아가 사회로 국가로 퍼져나가 불국정토의 기틀을 마련할 수 있게 되는 것입니다.

가족을 향해 참회한 택시 기사

내가 알고 지내는 부산에 사는 택시 기사님이 있습니다. 그 기사님은 한달에 두 세 번씩 생각이 나면 우리 절로 찾아와서 나에게 이런 저런 이야기를 하다가 돌아가는데, 그분을 보면 늘 '참 거룩한 분이다'는 생각을 하게 됩니다.

그분이 젊었을 때의 일입니다. 그는 노름을 즐기고 술을 많이 마셨고, 가정을 거의 돌보지 않았습니다. 그러다가 마침내 집안이 파탄이 나 버렸습니다. 부인이 자리를 이탈해 버린 것입니다.

그때 대학교 1학년이 된 딸은 술과 담배를 하였고, 고등학교 1학년이 된 아들은 눈앞에 아버지와 어머니가 안 보일 지경에까지 이르렀습니다.

지나간 시간에 무슨 원결이 맺혔던지, 그는 아들이 어렸을 때부터 한번 매를 들기 시작하면 죽어라고 두들겨 팼다고 합니다. 내 자식이라는 생각도 잊어 버리고, 이 아이가 무슨 실수를 했다는 것도 잊어 버리고, 그 어린 것을 그저 죽어라 두들겨 팼던 것입니다.

그런데 아들은 고등학교에 들어가면서부터 아버지에게 대들면서 싸우기 시작하였고, 드디어 온 집안을 공중분해하기에 이르렀습니다. 그때서야 아버지는 가족을 향한 참회를 시작했습니다.

"모두가 내 잘못입니다. 용서하십시오."

바람이 나서 바깥으로 도는 아내를 향해 땅바닥에 꿇어 엎드려 절을 하고 또 하여 가출했던 부인을 제자리로 돌려 놓았습니다.

퇴근을 하여 밤늦게 집에 들어올 때마다, 술에 취해 대문 앞에 쓰러져 있는 딸을 방에 데리고 들어와 보살펴주고, 이튿날 약국 문을 두드려 술 깨는 약을 사다가 먹여 가면서 그 딸을 다독거려 제자리로 돌아오게 만들었습니다.

아버지라고 하면 눈에 불을 켜고 달려드는 아들에게도 지극정성으로 참회하며 보살펴, 아들 또한 제자리로 돌려 놓았습니다.

지금 그의 집안은 늘 웃으면서 서로에게 감사하는 마음으로 살아갑니다. 부인이 공장에 다니면서 벌어오는 돈으로 네 가족의 생활비를 대고, 그는 택시에 스님네의 법문집을 싣고 다니다가, 내용이 좋다며 갖기를 원하는 사람들에게 무료로 나누어줍니다.

그뿐만이 아닙니다. 술 취한 사람이 타서 어떻게 애를 먹이던, 끝까지 그 사람을 집에까지 태워다줍니다. 시골에서 올라온 할머니가 타면, 몇 시간이 걸리더라도 가야 할 집까지 꼭 모셔다드립니다.

곁에 노름하는 사람이 있으면, 그 사람을 제자리로 돌려 놓고, 가족끼리 다투며 지내는 이를 보면 끝까지 화해를 시켜 그들을 제자리로 돌려 놓으며 살고 있습니다.

☙

"인간으로 돌아가라. 인간으로 돌아가, 인간으로서의 네 자리를 지켜라."

부처님께서는 우리들을 향해 이렇게 말씀하십니다.

이제 '나'를 뒤돌아보십시오. 내가 바로 서 있지 않다면, 내가 있을 자리에 있지 않고 자리를 이탈해 버렸다면, 다시 나의 자리로 돌아가야 합니다. 자주자주 나를 뒤돌아보고 단속하여 인간다운 삶을 사는 나의 자리로 돌아가야 할 것입니다.

시어머니의 치매를 낫게 한 삼배

내가 있는 경주 함월사에 다니는 부산 괴정동의 어느 보살님 체험담입니다. 일흔이 조금 넘어 치매에 걸린 보살의 시어머니는 대소변을 가리지 못하고 횡설수설하면서 온 집안을 엉망으로 뒤집어 놓았습니다. 보살은 도저히 감당을 할 수가 없어, 남편과 의논을 한 끝에 시어머니를 병원에 입원시키고 간병인을 붙여 시중을 들게 하기로 결정을 했습니다.

그런데 어떻게 연결이 되었는지 나에게 오는 다른 신도들이 그 사실을 알고 충고를 했습니다.

"그 사람이 누구냐? 바로 네 시어머니이지 않느냐? 힘이 들어도 네가 해야지, 어떻게 남의 손에 맡길 수 있느냐? 네가 지금 그 일을 회피하면 이것이 원인이 되어 과보를 받게 된다. 나중에 나이 들어 아파 누울 때, 너의 아들·딸이 네 곁을 떠나버리는 결과가 네 발등에 떨어진다는 것을 왜 생각을 하지 못하느냐?

우리 스님께서 가족들에게 절을 하라고 시키지 않았더냐? 그러니 시어머니 방 쪽을 향해 아침에도 삼배하고 낮에도 삼배하고 저녁으로도 삼배를 드려라. '당신께 잘못한 것, 모두 참회 드립니다. 용서하십시오' 하면서 절을 해야 된다. 아이들에게도 시키고 남편도 어머니께 삼배를 올리면서 참회하도록 당부드려라."

이 말을 들은 보살은 시어머니를 집에 모셔 두고 대소변 수발을 하면서, 하루 세 차례 삼배를 드리며 정성을 다했습니다.

그러기를 만 석 달이 지난 어느 날 한낮쯤 되었을 때, 청소를 하고 뒤치닥거리도 하기 위해 시어머니 방의 방문을 열고 막 들어가려는 순간, 방 안에서 이미 돌아가신 시할머니가 나오시는 것이었습니다. 그것도 꿈이 아닌 생시에 방문 앞에서 딱 마주치게 되었으므로, 보살은 자기도 모르게 할머니를 불렀습니다.

"아, 할매!"

"오냐, 나 이제 간다."

그 말만 남기고 시할머니는 문을 열고 밖으로 싹 나

가버렸습니다. 그런데 그 시간 이후, 치매에 걸려 횡설수설하고 대소변을 가리지 못하던 시어머니의 치매가 완전히 없어져 정상으로 되돌아왔습니다.

지금은 온 가족이 시어머니를 모시고 웃으면서 살고 있습니다. 그때 감당 못하겠다며 시어머니를 병원으로 보내 간병인에게 맡겨 놓았다면, 지금까지 그 상태가 그대로 계속되었거나 더 어려운 지경에 이르렀겠지만….

§

기껏해봐야 하루에 세 차례 삼배씩의 절을 몇 달 계속한 결과, 이러한 영험이 나타난 것입니다.

그러므로 나는 늘 불자들에게 부탁을 드립니다.

"내 가족 앞에 무릎을 꿇는 사람이 되라"고.

언제나 곁에 있는 내 가족들의 고마움을 생각하고, '나는 내 가족의 고마움에 얼마나 보답을 하고 있는가'를 되돌아보면서 살면, 참으로 가정이 극락으로 바뀌게 됩니다.

제 6 장

소원 성취와 이적을 이룬 기도

전쟁의 두려움을 극복케 한 관음염불

경상남도 고성군 옥천사玉泉寺에 담력도 크고 가끔씩 괴이한 행동을 하는 오관수 스님이 계셨습니다. 스님은 6·25사변 말기에 포탄이 떨어지는 일선 쪽으로 가서, 군인들을 돕는 노무자들과 함께 생활을 했습니다. 그들 속에서 동사섭同事攝을 실천하신 것입니다.

스님은 같은 노무자가 되어 그들을 설득했습니다.

"모두 함께 장단을 맞추어 '관세음보살'을 부르며 일합시다. 관세음보살을 부르고 있는 동안에는 틀림없이 무사할 수 있습니다."

총알과 지뢰와 포탄 속에서 벌벌 떨고 있던 노무자들은 범상치 않은 오관수 스님의 가르침에 따라 삽질을 하면서도 '관세음보살', 포탄을 나르면서도 '관세음보살'을 외쳤습니다.

이렇게 소리를 맞추어 '관세음보살 관세음보살'을 하다보니, 얼마 지나지 않아 불안감이 사라졌고 두려움 없이 일을 하게 되었습니다. 일의 능률이 올랐던 것은 말할 것도 없고, 모두가 포탄이나 지뢰의 피해를 한 차례도 입지 않았다고 합니다.

6·25사변 후 오관수 스님을 진주 의곡사에서 뵙게 되었을 때, 스님은 이 이야기를 들려주시며 힘주어 말씀하셨습니다.

"관세음보살의 가피력이 결코 거짓이 아니라는 것을 나는 체험을 했지. 그 많은 노무자들에게 어떠한 탈도 일어나지 않았으니 말일세. 참으로 '관세음보살'을 부르는 공덕은 불가사의한 것이야."

§

험악한 요즈음의 사회에서는 참으로 두렵고 불안한 사건들이 많이 일어납니다. 그래서 세상 살기가 두렵다고들 합니다. 이러한 때일수록 염불하고 기도하고 축원을 해 보십시오. 일체의 두려움이 사라져 평온함을 누릴 수 있습니다.

석동자를 얻은 득남 기도

조선시대 말기와 일제강점기에 살았던 매하梅下 최영년崔永年은 문장이 뛰어난 석학碩學이요 시인詩人으로 이름난 분입니다. 그의 아버지는 늦도록 자식이 없자, 서울 자하문 밖의 옥천암玉泉庵 해수관음상 앞에서 삼칠일(21일) 동안 생남기도生男祈禱를 올렸습니다.

"관세음보살님이시여, 아들을 내려주시되, 재주가 비상한 문장가를 점지하여 주옵소서."

기도 회향일 새벽에 아버지는 잠깐 꿈을 꾸었는데, 점잖은 중년 부인이 양쪽 팔에 옥동자玉童子와 석동자石童子를 안고 와서 묻는 것이었습니다.

"이 옥동자와 석동자 중에서 어느 동자를 원하느냐?"

"이왕이면 옥동자를 주십시오."

"이 옥동자는 네 복에 지나치다. 석동자를 가지고 가 거라. 이 석동자만하여도 그대의 원처럼 재주가 비상한 문장가는 될 것이니라."

"그러시다면 석동자를 주십시오."

마음에 섭섭하기는 하였지만 석동자를 받고 깨어보 니 꿈이었습니다. 과연 그 뒤에 부인에게 태기가 있었 고 아들을 낳았습니다. 그가 최영년이며, 얼굴 모습이 꿈에 받은 석동자와 꼭 닮아 있었습니다.

아버지는 석동자를 받았으므로 돌처럼 병도 없고 수 명 장수하리라 여겼는데, 과연 최영년은 무병장수 하였 습니다. 그리고 장성하여 정만조鄭萬朝·여하정呂荷亭등 과 어깨를 겨룰만한 문장가로서 이름을 떨쳤습니다.

§

만약 최영년의 아버지가 삼칠일이 아닌 백일기도를 하였다면 옥동자를 받았을 것입니다. 왜냐하면 기도에 도 인과가 있기 때문입니다. 특히 소원 성취 기도는 더 합니다. 곧 정성을 많이 기울여야 더 좋은 결과가 돌아 오기 마련인 것입니다.

부부 연을 맺어준 해수관음

앞의 해수관음과 관련된 또 한 편의 영험담입니다.

조선시대 말기인 1807년(순조 7)에 있었던 일입니다. 경기도 고양 땅 신도면(지금의 구파발)에 노총각 윤덕삼 尹德三이 살고 있었습니다. 그는 날마다 세검정을 지나고 자하문을 거쳐 서울로 들어가서 땔나무인 장작을 팔았습니다.

농사 지을 땅 한 평도 없는 매우 가난한 집안에서, 일흔이 넘은 양친을 봉양하기 위해 나무 장사를 하며 근근이 생계를 꾸렸으므로, 30세가 넘도록 장가를 들지 못했습니다. 3대 독자였던 그는 조상을 볼 면목도 없었습니다.

하루는 지게를 내려놓고 세검정 부근에서 잠시 쉬고

있는데, 어떤 스님이 옥천암玉泉庵 돌부처 앞에서 목탁을 치며 염불을 하고 있었고, 많은 여인들이 향공양을 올리며 관세음보살을 부르고 있었습니다. 그것을 보고 덕삼은 혼자 생각했습니다.

'저 사람들은 무엇 때문에 관세음보살을 부르고 있는가? 저 돌부처님이 소원이라도 들어주시는가?'

호기심이 동하였던 그는 한 할머니에게 여쭈었습니다.

"저 돌부처님은 어떤 부처님이며, 사람들이 무엇 때문에 절을 하고 비는 것입니까?"

"저분은 돌부처님이 아니라 해수관음海水觀音보살님이라네. 어떤 소원이라도 다 들어주시는 관세음보살님이야."

윤덕삼은 귀가 번쩍 띄었습니다. 그는 다음 날부터 이곳을 지날 때마다 해수관음 앞에서 수십 번씩 절을 하고 마음속으로 빌었습니다.

'관세음보살님이시여! 제가 어서 장가를 들고 아들을 얻어 대를 잇고, 부자가 되어 나무 장사를 면하게 하여 주시옵소서.'

그날 이후 윤덕삼은 하루도 빠짐없이 한결같이 치성을 드렸습니다. 그렇게 하기를 백일이 지난 어느 날, 꿈에 점잖은 노부인이 나타났습니다.

"너의 정성이 갸륵하여 도움을 주려고 왔다. 내일 새벽 일찍 자하문으로 가서, 성문이 열리거든 첫 번째로 나오는 심씨 성의 여인이 있을 테니, 그 여인을 집으로 데려오면 네 소원이 이루어질 것이다."

하도 신기한 꿈인지라, 이튿날 새벽에 자하문으로 달려가 기다렸는데, 성문이 열리자 과연 한 낭자가 걸어 나왔습니다. 윤덕삼은 낭자에게 말을 걸었습니다.

"죄송하지만 혹시 어디로 가시는지를 말해 줄 수 있겠습니까?"

낭자는 부드러운 음성으로 답했습니다.

"저는 윤 도령이라는 총각을 찾아가는 길입니다."

"예? 제가 바로 윤 총각입니다."

윤덕삼이 어젯밤의 꿈 이야기를 들려주자, 낭자는 자신의 성이 '심씨'라고 하면서 이렇게 말했습니다.

"저도 꿈에 어떤 노인이 나타나서, '네가 내일 새벽 자하문을 나서면 첫 번째로 윤 도령이라는 총각을 만날 것이다. 그 사람을 따라가서 백년해로하여라.'고 하셨습니다. 어쩌면 그렇게도 꿈이 꼭 같을까요."

두 사람은 해수관음이 있는 옥천암에 이르러 함께 절을 하였는데, 관세음보살님을 본 심 낭자가 깜짝 놀라

소리쳤습니다.

"아! 이 분이 꿈에 나타났던 분입니다!"

윤덕삼의 집으로 돌아온 두 사람은 얼마 후 혼례를 올리고 정식으로 부부가 되었습니다.

이 심 낭자는 사대부집안의 규수로 여덟 살 때 어떤 양반 집으로 출가하였는데, 까닭도 없이 시댁에서 쫓겨나 친정에서 10년을 살고 있다가, 꿈에 나타난 관세음보살의 인도로 윤덕삼을 만나게 된 것입니다.

이들 부부는 낭자가 가지고 온 패물을 팔아 논밭과 산을 구입하여 일대에서 제일가는 부자가 되었으며, 아들과 딸을 하나씩 낳아 단란하게 잘 살았다고 합니다.

사업을 다시 일으킨 곽처사

가끔씩 나를 찾아오는 50대의 곽처사는 2006년 위암에 걸려 수술을 받은 다음부터 불교를 열심히 믿게 되었고, 나는 그에게 신묘장구대다라니 기도나 금강경 독송을 권했습니다.

곽처사는, '신묘장구대다라니의 발음이 독특하고 음률이 재미있다'고 하면서 부지런히 외었는데, 49일 기도 끝에 대변과 함께 몸속의 고름이 몽땅 빠져나오는 꿈을 꾸었습니다. 이후 몸은 한결 가벼워졌고, 암에서 완쾌되었다는 확신을 얻게 되었습니다.

그때 그는 친구들과 동업하여 회사를 차렸습니다. 그러나 업이 다 녹지 않았음인지, 2008년 9월의 리먼사태로 인한 금융위기로 회사가 자금난을 겪으면서 소유하고 있던 지분을 모두 잃게 되었습니다. 이것만 하여도 말할 수 없는 고통이었는데, 더한 것은 그동안 친했던 모든 사람들이 모른 척 등을 돌리는 것이었습니다.

곽처사는 다시 기도를 시작했습니다. 그러나 무엇을 이루어 달라거나 재기하게 해달라는 기도가 아니라, '도대체 왜 이런 시련이 나에게 오는가? 나를 힘들게 만든 그들을 무릎 꿇게 할 방법은 없는가?' 하는 기도였습니다.

물론 특별한 발원이 없었기 때문에 간절한 기도가 이루어지지 않았고, 그저 신묘장구대다라니를 하루 21편 정도만 외웠습니다. 그런데 1년이 지나자 생각이 바뀌었습니다.

'빈손으로 왔다가 빈손으로 가는 인생. 본래 내 것이 어디 있는가? 내가 망한 것은 내가 갚아야 할 빚이요, 사람들이 나에게 모질게 한 것 또한 내가 받아야 할 과보일 뿐이다. 이제부터는 참회의 기도를 하면서 새롭게 살아 보리라.'

이렇게 마음을 바꾸어 먹고 기도를 하였더니, 자신의 거칠었던 행동과 증오·분노·혐오감·고집·의심들이 선명하게 보이기 시작했고, 헛된 것들을 부질없이 쥐고 살아왔음을 깨닫게 되었습니다.

176

그는 자연스럽게 진실한 참회를 할 수가 있었습니다. 그리고 신묘장구대다라니 기도에 임하면 그 속에 흠뻑 젖어들었으며, 차츰 마음이 환희로워지고 용기가 생기고 긍정적이 기운이 샘솟았습니다.

어느덧 대다라니 기도는 10만 편에 이르렀고, 2011년 초가 되자 중견기업체를 운영하던 지인이 '새롭게 세운 중견기업체 사장으로 일해 볼 생각이 없느냐?'고 문의가 들어왔습니다.

부처님과 관세음보살님께 감사를 드리며 사장으로 취임한 그는 지금까지 참으로 밝고 성실하고 따뜻한 마음으로 직원들을 아끼며 회사를 잘 운영하고 있습니다.

광명진언 기도와 아들딸의 대학 합격

경기도 양주의 청룡암에 다니는 수원의 정보살은 아들과 딸을 연년생으로 두었습니다.

정보살은 아들이 2006년 대학 입시를 치르기 얼마 전부터 광명진언 기도를 시작하였는데, 그해 대학에 들어간 아들은 '더 좋은 대학에 가겠다'며 재수를 선택했습니다. 따라서 정보살은 재수생인 아들과 고3인 딸, 이렇게 두 수험생을 둔 어머니가 되고 말았습니다.

하나도 힘든데 두 명의 수험생을 뒷바라지하려니 여간 스트레스가 쌓이는 것이 아니었습니다. 게다가 아들과 딸도 꼭 가고 싶은 대학과 가고 싶은 학과에 들어가고자 하였으므로 많이 힘들어 했습니다.

정보살은 청룡암의 선유스님을 찾아가 방법을 물었

습니다.

"보살님은 광명진언 기도를 이미 해 보았으니 입에 많이 익었을 것입니다. 매일 3천독씩 광명진언을 외우며 아이들에게 빛과 힘을 주십시오."

"해보겠습니다."

그런데 정보살은 3천독이 아니라, 하루에 5천독에서 7천독까지 하였습니다. 매일 점심식사 후인 12시 30분에 앉아 네 시간가량 광명진언을 외우고, 수시로 또 외운 것입니다.

정보살의 마음은 차츰 편안해졌고, 2백일 가까이 되어 1백만독을 넘겼을 때 꿈을 꾸었습니다. 그녀가 고무신을 신고, 설악산 봉정암의 적멸보궁을 두 번이나 갔다가 오는 꿈이었습니다. 그것도 너무나 쉽게 다녀왔습니다.

교통사고로 다리가 부러져 다리에 쇠를 박아야 했던 정보살로서는 설악산 봉정암을 오른다는 것이 꿈과 같은 일입니다. 그런데 꿈에서 봉정암을 두 차례나 쉽게 오른 것입니다. 그것도 고무신을 신고….

기도의 결과는 자연성自然成이었습니다. 2007년 대학 입학시험에 아들은 연세대학교에 합격하였고, 딸은 원했던 대학의 미술학과에 들어갔습니다. 그리고 미술학

원에서 아르바이트를 하여, 학비까지 벌면서 신나게 공
부를 하였다고 합니다.

통광스님의 칠불사 중건

지리산은 문수보살의 상주도량常住道場이요, 그 중심은 칠불사七佛寺라고 전해지고 있습니다. 김해 김씨의 시조인 김수로왕의 일곱 왕자가 출가하여 모두 도를 깨쳤다고 하여 절 이름을 '칠불사'라 했다고 합니다. 그러나 칠불사는 6·25사변 전후로 모두 소실되어 겨우 명맥만을 유지하고 있었습니다. 그런데 이곳에 통광通光(1940~2013)이라는 스님이 찾아왔습니다.

스님은 칠불사 밑의 범왕리 출신으로, 칠불사의 중창을 다짐하고 '문수보살' 정근을 하는 천일기도를 시작했습니다. 동시에 김해 김씨였던 스님은 '지리산 칠불 복구위원회'를 만들어 여러 곳을 다니며 권선을 했습니다. 그러나 뜻과 같이 복구에 필요한 돈은 모이지 않았습니다.

쌍계사 주지였던 고산杲山스님을 뵙고 자초지종을 말씀드렸더니, 고산스님은 뒷꼭지가 아플 정도로 호통을 쳤습니다.

"네 생전에는 아무리 해봐야 칠불을 복원 못한다. 승려가 승려의 할 일을 해야지, 천일기도라는 이름 아래 종이 쪽지에 권선문을 써서 다닌다고 누가 도와주느냐? 술은 사줄지언정 돈은 안 준다."

"그럼 어떻게 해야 합니까?"

"이놈아, 칠불은 문수보살님의 도량이다. 그 도량에 살면서 문수보살님과 같은 큰 어른을 모시고 있으면 '내가 불사하겠다'는 생각보다 '어른을 잘 모시겠다'는 생각을 해야 하지 않겠느냐?"

"예?"

통광스님은 크게 느끼는 바 있어 발원했습니다.

'문수보살님을 잘 모셔야 할 텐데 법당도 없고 집도 없습니다. 법당도 짓고 요사채도 선원도 지어야 어른을 잘 모실 텐데 저에게는 힘이 없습니다. 불보살님께서 도와주시옵소서.'

특히 통광스님은 『대비심다라니경』에서 "신묘장구대다라니를 독송하면 현세에서 원하는 것을 다 이룬다."

고 하는 구절을 보고 결심했습니다.

"삼칠일(21일) 동안을 '나는 죽었다'는 각오로 기도하자."

모든 것을 불보살님께 맡기고 통광스님은 잠을 잘 생각도 밥을 먹을 생각도 잊고 신묘장구대다라니를 외웠습니다. 그렇게 열심히 기도하다가 잠깐 좌선을 한다고 앉았는데 비몽사몽간에 어디론가 가게 되었고, 그곳에서 관세음보살님을 보게 되었습니다. 스님은 관세음보살님을 향해 자꾸자꾸 절을 하며 여쭈었습니다.

"관세음보살님, 어떻게 하면 칠불암을 빨리 복원할 수 있겠습니까?"

묵묵히 스님을 바라보고 계시던 관세음보살님은 큼직한 열쇠 한 꾸러미를 쥐어주며 말했습니다.

"이 열쇠들을 줄 테니 네가 알아서 해라. 그러나 아무리 빨리 복원을 해도 10년은 넘게 걸릴 것이다."

그 일이 있은 후 칠불의 불사는 저절로 이루어졌습니다. 권선문을 가지고 가면 누구 할 것 없이 동참을 하였고, 많은 이들이 제 발로 칠불사로 찾아와 불사금을 보시했습니다. 그리고 행정당국에서도 물심양면으로 협조를 했습니다.

마침내 통광스님은 문수전을 비롯하여 대웅전·선열

당·벽안당·아자방·보설루·장격각·종루·대향적당을 일신 중창하여 대가람을 만들었으며, 유서 깊은 운상원雲上院까지 확장 재건하였습니다.

§

기도의 힘이란 참으로 큽니다. 단순한 나의 욕망성취가 아니라 불보살님을 잘 모시겠다는 원을 세우면 창건 및 중창불사를 비롯하여 어떠한 불사도 못 이룰 것이 없습니다.

하지만 또 한 가지 잊지 말아야 할 것이 있습니다. 바로 '중생감제불응衆生感諸佛應', 중생의 기도가 불보살님을 감동시킬 때 불보살님들이 중생의 원에 응해준다는 것입니다.

부디 이를 잊지 말고, 원을 잘 세워 간절하게 기도하십시오. 틀림없이 원을 성취할 수 있습니다.

일타스님 외증조할머니의 기도

일타日陀(1929~1999)스님의 외증조할머니인 안성이씨 평등월平等月 보살은 일찍이 우리나라 제일의 양반으로 치던 광산김씨 집안으로 시집을 갔습니다. 그녀는 남편 김영인金永仁의 아낌없는 사랑 속에서 삼형제를 낳아 기르며, 학식 있는 양반집 안방마님으로 부족함 없이 살았습니다.

그런데 나이 60이 조금 지났을 때 갑자기 불행이 닥쳐왔습니다. 남편이 남의 빚보증을 섰다가 대부분의 재산을 날려 버렸고, 연이어 시름시름 앓던 남편마저 끝내 저 세상 사람이 되어 버린 것입니다.

평등월 보살이 실의失意에 잠겨 헤어나지 못하고 있자, 이미 장성하여 가정을 꾸리고 있던 만수萬洙 완수完

洙 은수恩洙 세 아들이 머리를 맞대고 상의했습니다.

"이제 시대가 바뀌었다. 우리가 양반이라고 마냥 이렇게 살 것이 아니다. 노력하여 돈을 벌어야 한다."

이렇게 결의한 세 아들은 남은 재산을 모두 처분하여 목화를 솜으로 만드는 솜틀기계 한 대를 일본에서 구입한 다음, 공주 시내 한복판의 시장에다 솜틀공장을 차렸고, 솜틀공장이 크게 성공을 하게 되자 서로 어머니를 잘 모시기 위해 갖은 정성을 다 기울였습니다.

집집마다 어머니 방을 따로 마련하여 항상 깨끗하게 꾸며 놓았고, 좋은 옷에 맛있는 음식으로 최고의 호강을 시켜드렸으며, 때때로 절에 가신다고 하면 서로 시주할 돈을 마련해주었습니다.

마침내 이 집안은 공주 제일의 효자 집안으로 소문이 났고, 벌어들인 돈으로는 논 백 마지기를 다시 사들이기까지 하였습니다. 평등월 보살은 신이 났습니다. 그렇게 행복할 수가 없었습니다.

이렇게 매일매일을 평안함과 기쁨 속에서 지내던 할머니가 막내아들 집에 가 있던 어느 날, 한 비구니 스님이 탁발을 하러 와서 할머니를 조용히 보고만 있다가 불쑥 말을 걸었습니다.

"할머니! 요즘 세상 사는 재미가 아주 좋으신가 보지

186

요?"

"아, 좋다마다요. 우리 아들 삼형제가 모두 효자라서 얼마나 잘해주는지…. 스님, 제 말 좀 들어 보실래요?"

신이 난 할머니는 아들 자랑부터 시작하여 며느리 자랑, 손자 자랑까지를 일사천리로 늘어놓았습니다. 마침내 할머니의 자랑은 끝에 이르렀고, 장시간 묵묵히 듣고만 있던 스님은 힘주어 말했습니다.

"할머니, 그렇게 세상일에 애착을 많이 가지면 죽어서 업業이 됩니다."

"업?"

충청도 사람들은 '죽어서 업이 된다'고 하면 구렁이가 된다는 것으로 알고 있습니다. 죽어서 큰 구렁이가 되어 고방庫房 안의 쌀독을 칭칭 감고 있는 업! 할머니는 그 '업'이라는 말을 듣자마자 머리카락이 하늘로 치솟는 것 같았습니다.

"아이구, 스님! 어떻게 하면 업이 되지 않겠습니까?"

"벌써 업이 다 되어 가는데 뭐…. 지금 와서 나에게 물은들 뭐하겠소?"

"제발 업이 되지 않을 방법을 일러주십시오. 제발…."

"정말 업이 되기 싫고 극락에 가기를 원하면, 오늘부터 발은 절대로 이 집 밖으로 나가지 않도록 하고, 입으로는 '나무아미타불'만 부르고, 마음으로는 아미타불을 친견하여 극락에 가기만을 기원하시오."

"스님, 다시 한 번 자세히 일러주십시오."

"오늘부터는 첫째나 둘째 아들 집에도 가지 말고, 이웃집에도 놀러가지 마십시오. 찾아오는 사람에게 집안 자랑하지도 말고, 오직 이 집에서 이 방을 차지하고 앉아 죽을 주면 죽을 먹고 밥을 주면 밥을 먹으면서 '나무아미타불'만 외우십시오. 그리고 생각으로는 극락 가기를 발원하십시오. 그렇게 하겠습니까?"

"꼭 그렇게 하겠습니다."

그날부터 아침에 눈만 뜨면 몇 차례 절을 올린 다음 '나무아미타불'을 부르기 시작했습니다. 집안 일에는 일체 간섭하지 않고 10년 가까이를 스님이 시킨 대로 하루 종일 '나무아미타불'만 불렀습니다. 어느덧 할머니에게는 앞일을 내다보는 신통력神通力이 생겼습니다.

"어멈아! 오늘 손님이 다섯 온다. 밥 다섯 그릇 더 준비해라."

과연 끼니 때가 되자 손님 다섯 사람이 찾아오는 것이었습니다. 또 하루는 막내아들을 불러 각별히 당부하였습니다.

"애야, 너희들 공장에 화기火氣가 미치고 있다. 오늘은

기계를 돌리지 말고 물을 많이 준비해 놓아라. 위험하다."

그 말씀대로 세 아들은 아침부터 솜틀기계를 멈추고 물통 준비와 인화물질 제거에 신경을 썼습니다. 그런데 오후가 되자 바로 옆집에서 불길이 치솟는 것이었습니다. 그들은 서둘러 옆집 불을 껐습니다.

그리고 일타스님의 어머니인 손녀가 결혼을 할 나이가 되자 큰아들을 불러 말씀하셨습니다.

"여기에서 북쪽으로 30리가량 가면 구름내[雲川]라는 마을이 있다. 그 마을 김창석 씨네 둘째 아들과 네 딸 상남上男이와는 인연이 있으니, 찾아가서 혼사를 이야기해 보아라."

이렇게 할머니는 가 보지도 않고 신통력으로 일타스님의 부모님을 결혼시켰습니다.

마침내 주위에서는 이 할머니를 일컬어 '생불生佛'이라고 부르기까지 하였습니다.

할머니는 부지런히 염불기도를 하다가 88세의 나이로 입적入寂하였는데, 그때야말로 큰 기적이 일어났습니다. 7일장七日葬을 지내는 동안 매일같이 방광放光을 하는 것이었습니다.

낮에는 햇빛에 가려 방광이 잘 보이지 않았으나, 밤

만 되면 그 빛을 본 사람들이 '불이 났다'며 물통을 들고 달려오기를 매일같이 하였습니다. 그리고 문상객으로 붐비는 집안 역시 불을 켜지 않아도 대낮같이 밝았습니다.

상방대광명常放大光明!

그야말로 할머니는 염불기도를 통하여 상방대광명을 이루었고, 그 기적을 직접 체험한 가족들은 그 뒤 차례로 출가하여, 일타스님의 친가 외가 집안 41인이 모두 승려가 되었습니다.

§

몸과 말과 뜻을 하나로 모아 염불하고 기도하는 공덕. 그 공덕을 어찌 작다고 하겠습니까? 그리고 부처님의 불가사의가 어찌 없다고 하겠습니까?

일타스님 외증조할머니의 염불기도. 이 기도는 여러 가지 기적을 불러일으켰을 뿐 아니라, 온 집안을 불심佛心으로 가득 채워 가족 41명 모두를 '중노릇 잘하는 승려'로 만드는 밑거름이 되었습니다.

기도의 큰 힘, 잊지 마시기 바랍니다.

진주 연화사 취골탑 보살

경남 진주시 옥봉북동에 있는 연화사蓮華寺는 1923
년에 도심포교원으로 창건하여 역사가 오래되지는 않
았지만, 이 절에는 '취골탑聚骨塔'이라는 아주 특별한
탑이 있습니다. 화장을 한 다음 남겨진 뼈들을 그대로
취하여 탑을 만들었다고 하여 '취골탑'이라고 이름한
것입니다.

이 취골탑은 일제강점기에 세운 것으로, 그 탑의 주인
공은 94세의 나이로 돌아가신 노보살님입니다. 노보살
님은 가족 인연이 박하여 남편을 일찍 보내고, 자식 없
는 몸으로 연화사를 다니면서 신심 깊은 삶을 살았습
니다.

절에 가면 보살님은 궂은일을 도맡아 하였습니다. 법

당 청소에 마당의 풀 뽑기, 참배하는 손님들 뒷바라지 등을 열심히 하면서, 속으로는 끊임없이 염불을 하였습니다. 그러다가 임종이 가까워지자 한마디 유언을 남겼습니다.

"내가 죽은 다음 화장을 하게 되면 화장한 뼈를 갈지 말고, 뼈 채로 버리든지 보관하든지 마음대로 해라."

그런데 보살님이 세상을 떠나게 되자 정작 이 유언에 대해서는 주변 분들이 크게 신경을 쓰지 않았습니다. 오히려 돌아가신 그때가 모내기철이 지났는데도, 극심한 가뭄으로 논들이 거북등처럼 갈라져 있어 온 나라가 걱정을 하고 있을 때였습니다. 그래서 보살님의 발인날, 평소에 친하게 지내던 도반들이 관을 향해 한숨 섞인 부탁을 했습니다.

"오늘이 우리 인연의 마지막 날입니다. 그런데 보살님, 지금 온 나라가 가뭄 때문에 근심에 빠져 있습니다. 어찌 혼자만 좋은 곳에 가서 편히 지낼 수 있겠습니까? 깊은 신심과 간절했던 평소 때의 생각으로, 지금 좋은 징표를 보여 주십시오. 비를 실컷 퍼부어주면, 우리가 이 상여를 지고 진주 시내를 한 바퀴 돌겠습니다."

그런데 발인식을 마치고 다비장으로 운구를 하려는 찰나였습니다. 어디에서 모여들었는지 먹구름이 순식간에 진주 시내를 감싸더니 소나기를 퍼붓기 시작했습니다. 모두가 너무나 기뻐하면서, 비를 흠뻑 맞으며 진주 시내를 한 바퀴 돌았는데, 다시 연화사에 돌아왔을 때에도 비는 여전히 내리고 있었습니다.

또 그날 보살님의 시신을 화장하였는데, 기이한 모습의 상아빛 뼈들이 가득하였습니다. 부처님께서 항마촉지인 또는 설법인을 취하고 있는 모습, 스님네가 앉아서 정진하고 있는 모습 등등, 1cm안팎의 뼈들이 하나같이 정교하게 조각을 해놓은 것 같았습니다.

그리고 이 뼈의 일부를 물에 넣었더니 물이 한 길 이상이나 치솟는 것이었습니다. '진짜 사리를 물에 넣으면 특이한 현상을 보인다'는 것을 알고 있었던 스님들은 노보살님의 유골들을 뿌리지 않고 법당 탁자에 놓아두었는데, 그 뼈들이 일곱 빛깔을 뿜어내면서 여러 날 동안 방광을 하는 것이었습니다.

대중들은 이러한 여러 가지 이적에 크게 환희하면서, 칠층석탑을 세워 노보살님의 뼈를 봉안하고 '취골탑'이라 명명하였습니다.

§

기적 같은 영험. 이러한 영험은 재능 있는 특별한 사람만이 나타낼 수 있는 것인가? 아닙니다. 신심 깊은 사람이면 누구나 발휘할 수 있습니다.

그러나 법문을 많이 듣고 책을 많이 읽었다고 하여 이러한 영험을 발휘할 수 있는 것은 아닙니다. 문제는 신심 깊은 실천입니다. 신심으로 꾸준히 기도하면 영험은 저절로 표출됩니다.

가피만이 아니라, 기적처럼 보이는 일들도 얼마든지 나타나게 됩니다.

❦

청하옵건대 나의 힘으로도 남의 힘으로도 해결되지 않을 때, 나와 주위를 극락으로 만들고자 할 때, 그리고 크게 참회하여 큰 힘과 큰 가피를 얻고자 할 때 기도해 보십시오. 내 정성에 따른 불보살님의 가피는 반드시 따르게 됩니다.

부디 게으름 속에 빠지지 말고, 마음 모아 힘을 모아 기도하시기를 두 손 모아 축원드립니다.

기도 및 영가천도의 지침서

광명진언 기도법 / 일타스님·김현준   신국판 176쪽 6,000원

광명진언 기도를 널리 펴고자 일타스님과 김현준 원장이 함께 저술한 책. 광명진언 속에 새겨진 참의미와 바른 기도법, 빠른 기도성취법 등을 자상하게 설하고, 유형별 기도성취 영험담을 다양하게 수록하였으며, 누구나 보기 쉽도록 큰활자로 발간하였습니다. 광명진언을 외우면 행복과 평화, 영가천도, 소원성취를 이룰 수 있습니다.

생활 속의 기도법 / 일타스님   신국판 160쪽 6,000원

불교계 최대의 베스트셀러! 일상생활에서 누구나 처할 수 있는 여러 가지 상황에 따른 구체적인 기도방법에서부터 특별기도성취법·영가천도기도법·기도할 때 지녀야 할 마음가짐까지, 자상한 문체로 예화를 섞어 쉽고 재미있게 엮었습니다.

기도 / 일타스님   신국판 240쪽 9,000원

총 6장 52편의 다양한 기도 영험담으로 엮어진 이 책을 읽다보면 기도를 통해 틀림없이 부처님의 가피를 입을 수 있음을 확신할 수 있게 되고, 올바른 기도법과 함께 기도성취의 지름길을 알 수 있게 됩니다.

기도성취 백팔문답 / 김현준   신국판 240쪽 9,000원

기도에 대한 정의·기도와 믿음·업장소멸의 방법·꾸준한 기도의 효험·원을 세우는 법·축원법·각종 기도가피와 기도성취의 시기·성취를 위한 하심법下心法 등 기도에 관한 궁금증들을 문답형식으로 자상하게 풀이하였습니다.

참회와 사랑의 기도법 / 김현준   신국판 192쪽 6,500원

총 84가지 문답을 통하여 참회의 정의에서부터 참회기도를 해야하는 까닭, 절을 통한 참회법·염불참회법·주력참회법·가족을 향한 참회법, 기도 축원의 구체적인 내용 및 자비의 기도가 갖는 효과, '백중과 영가천도'등에 대해 아주 상세하게 설명하고 있습니다.

참회·참회기도법 / 김현준   신국판 160쪽 6,000원

참회의 참된 의미, 절·염불을 통한 참회법, 참회인의 마음가짐, 이참법 등을 영험담들과 함께 감동 깊게 엮은 책으로, 참회를 통해 행복하고 자유로운 삶을 사는 방법을 열어주고 있습니다.

불교의 자녀사랑 기도법 / 김현준   신국판 160쪽 6,000원

사랑하는 자녀들을 가장 잘 사랑할 수 있는 방법을 부처님의 가르침에 의지하여 정립하고 생활화한 책입니다. 이 책의 가르침을 따라 자녀를 사랑하고 기도해보십시오. 우리의 자녀들이 뜻하는 바 소원을 성취하고, 행복과 평화를 누릴 수 있게 될 것입니다. 부록으로 부모님께 효도하여야 하는 까닭과 방법도 수록하였습니다.

법보시를 원하시는 분은 출판사로 연락 주십시오. 할인혜택을 드립니다.
전화 02-587-6612, 582-6612 팩스 02-586-9078

신묘장구대다라니 기도법 / 우룡스님·김현준　신국판　208쪽　7,000원
신묘장구대다라니를 외우면 생겨나는 가피와 공덕, 기도의 방법과 주의할 점, 우룡스님이 들려주는 14편의 영험담, 대다라니의 근본경전인 『무애대비심다라니경』을 수록하고 있는 이 책을 읽고 자신있게 기도하면 심중소원의 성취와 기적같은 체험도 할 수 있습니다.

기도 성취의 지름길 / 우룡스님　　4×6판　160쪽　5,000원
가족을 위한 기도와 기도 성취의 원리에 초점을 맞춘 감동적인 기도법문입니다. 제1부 「가족 행복을 위한 기도」에서는 가족을 향한 참회와 절의 필요성, 3배 기도의 큰 영험에 대해 일러주고 있으며, 제2부 「빠른 기도 성취의 길」에서는 믿음과 정성이 뒤따라야 기도 성취를 잘할 수 있고, 기도의 고비를 잘 넘겨야 능히 행복과 대해탈의 문이 열린다는 것을 많은 이야기를 곁들여 설하고 있습니다.

영가천도 / 우룡스님　　신국판　160쪽　6,000원
영가의 장애를 느끼십니까? 돌아가신 영가를 영가를 제대로 천도해 드리지 못했습니까? 영가천도의 필요성과 기본자세, 염불·독경·사경을 통한 영가천도, 49재, 낙태아 천도 등 영가천도에 관한 궁금증 및 천도의 방법을 우룡스님의 자세한 법문으로 풀어드립니다.

미타신앙·미타기도법 / 김현준　　신국판　160쪽　6,000원
아미타불의 참 모습에서부터 극락에서 누리는 행복, 칭명염불·오회염불·관상염불·천도염불 등의 각종 염불수행법과 함께 임종하는 이를 위한 의식과 49재 기간의 행법 등을 자세히 밝히고 있습니다.

관음신앙·관음기도법 / 김현준　　신국판　240쪽　9,000원
관세음보살의 구원 능력, 주요 경전 속의 관음관, 11면관음·천수관음·32응신·33관음 등 자비관음의 여러 가지 모습, 일심칭명 일념염불의 관음기도법, 독경 사경 기도법, 다라니 염송 기도법 등을 자세하고도 알기 쉽게 풀이하였습니다.

지장신앙·지장기도법 / 김현준　　신국판　192쪽　6,500원
지장신앙 속에는 영가천도뿐만이 아니라 현세에서의 행복과 깨달음, 성불의 비결까지 간직되어 있습니다. 이러한 지장신앙의 여러 측면과 함께 생활 속에서 할 수 있는 지장기도법을 자세히 밝혀놓았습니다.

참회 / 김현준　　4×6판　160쪽　5,000원
불교의 참회는 잘못을 뉘우치고 용서를 받는 차원을 넘어 영원한 자유와 행복을 얻는 깨달음을 목표로 하고 있습니다. 참회의 끝은 해탈입니다. 대해탈입니다. 이제 이 책 속으로 들어가 참회의 방법과 해답을 찾고 참회를 통하여 평안을 얻고 향상의 길로 나아갑시다.

알기 쉬운 경전 해설서

생활 속의 금강경 / 우룡스님   신국판 304쪽 10,000원
금강경의 심오한 내용을 알기 쉽게 풀이하고 일상생활과 접목시켜 강설함으로써 삶의 현장에서 금강경의 가르침을 능히 응용할 수 있도록 하였고, 감동을 주는 일화들을 많이 삽입하여 재미를 더해주고 있습니다.

생활 속의 관음경 / 우룡스님   신국판 240쪽 9,000원
관세음보살보문품인 관음경을 통하여 관세음보살의 본질, 일심칭명과 재난 소멸법, 공경예배와 소원 성취법, 관세음보살을 관하는 법 등에 대해 여러 가지 영험담과 함께 감동적으로 풀이하고 있습니다.

생활 속의 반야심경 / 김현준   신국판 240쪽 9,000원
공空의 의미, 모든 괴로움의 원인과 괴로움에서 벗어나는 방법, 색즉시공 공즉시색의 참뜻, 걸림 없고 진실불허한 삶을 이루는 방법 등을 반야심경의 경문을 따라 쉽고 상세하고 재미있게 풀이하고 있습니다.

생활 속의 천수경 / 김현준   신국판 240쪽 9,000원
천수관음이 출현하신 까닭, 천수관음을 청하는 법과 가피를 얻는 법, 신묘장구대다라니의 풀이와 공덕, 찬탄의 공덕과 참회성취의 비결, 준제기도 및 주요 진언 속에 깃든 의미, 여래십대발원문 사홍서원 삼귀의 의미 등을 상세히 풀이하였습니다.

유마경의 기상천외한 이야기 / 김현준   국판 160쪽 6,000원
유마경! 그냥 읽으면 참 어렵습니다. 그러나 유마경 속의 기상천외한 이야기들을 중심으로 엮은 이 유마경의 풀이를 읽어 보십시오. 부처님·유마거사·문수보살의 가르침과 유마경의 깊은 내용이 참으로 명확하게 살아납니다.

화엄경 약찬게 풀이 / 김현준   신국판 216쪽 7,500원
불자들이 자주 독송하는 화엄경약찬게! 화엄경약찬게를 그냥 읽으면 참으로 어렵고 무슨 내용인지 알 수 없지만 이 풀이를 본 다음에 읽으면 약찬게를 명확히 파악할 수 있게 될 뿐 아니라 화엄경의 내용까지 꿰뚫어 환희심이 샘솟고 대화엄의 세계에서 노닐 수 있게 됩니다.

생활 속의 보왕삼매론 / 김현준   신국판 240쪽 9,000원
『보왕삼매론』을 해설한 이 책은 병고 해탈, 고난 퇴치, 마음공부와 마장 극복, 일의 성취, 참사랑의 원리, 인연 다스리기, 공덕 쌓는 법, 이익과 부귀, 억울함의 승화 등 누구나 인생살이에서 겪게 되는 장애들을 속 시원하게 뚫어주고 있습니다.

예불문, 그 속에 깃든 의미 / 김현준   신국판 256쪽 9,000원
불자들이 꼭 알아야 할 오분향의 의미와 지심귀명례하는 방법, 불법승 삼보, 문수·보현·관음·지장보살, 십대제자·16나한·5백나한·역대조사, 그리고 사부대중의 화합 등을 모두 담았습니다.